☆ 처음 시작하는 이들을 위한 ☆

☆ 처음 시작하는 이들을 위한 ☆

최소한의 데이 트레이딩 이해하기

데이비드 보먼 지음 | 박준형 옮김

page2

차 례

CHATPER 6 　트레이딩의 설정과 정보

CHATPER 7 　시장 분석

CHATPER 8 　고급 데이 트레이딩

CHATPER 9 ## 계좌와 수익 관리

들어가는 글

데이 트레이딩이란 무엇일까?

'트레이딩'이라고 하면 사람들은 401(k)와 같은 퇴직연금 계좌의 돈을 주식과 다른 금융상품에 투자하는 것이라고 생각한다(401(k) 계좌는 기업이 근로자들의 퇴직금으로 운용하며, 투자회사가 관리하면서 일정 금액을 투자상품에 투자한다. 미국의 국세청은 401(k) 계좌의 세금을 감면해준다. -역자주). 하지만 401(k)는 대표적인 투자의 일종이며, 투자와 트레이딩은 다르다. 전체 금액 중 일정 비율을 투자하는 401(k)와 달리 트레이더들은 수익을 남기기 위해서 매일 증권을 사고판다.

트레이더들도 장기 투자를 염두에 두고, 한동안 주식을 보유할 때도 있다. 간혹 수년 동안 한 종목을 보유할 때도 있다. 하지만 데이 트레이딩은 이런 장기 투자와 완전히 달라서 매일매일 주식을 사고파는 것을 말한다. 이 책은 바로 데이 트레이딩에 대한 책이다.

데이 트레이딩은 말 그대로 매일매일 트레이딩을 한다는 뜻이다. 데이 트레이더들은 24시간 내에 주식을 사고판다. 어떤 때는 단 몇 분만 보유하기도 하고, 어떤 때는 몇 시간 동안 보유하기도 한다. 한마디로 데이 트레이딩이란 100% 현금을 가지고 하루의 거래를 시작해서 하루 동안 수익을 남기기 위해서 유가증권을 사고팔다가 모두 팔고 현금을 보유한 상태로 하루를 마감하는 것이다.

데이 트레이더들은 시장이 열려 있는 동안 트레이딩으로 소득을 얻고 수익을 확보하기 위해서 하루 동안 몇 번이고 주식을 사고판다. 하루가 지나고, 한 달이 지나도 데이 트레이더들은 하루를 현금으로 트레이딩을 시작하고, 수익을 확보한 후 현금으로 하루를 마무리하는 과정을 반복한다. 이들이 한 번의 트레이딩에서 남기는 이익은 상대적으로 적다. 하지만 한 해 동안 보통의 계좌를 가지고 트레이딩을 반복해 수익을 크게 늘릴 수 있다. 수익이 들어오면 트레이더 계좌의 가치는 높아지고, 더 큰 규모의 트레이딩이 가능해진다.

데이 트레이딩의 또 다른 특징은 '레버리지를 사용'하여 구매력을 크게 확대하는 것이다. 데이 트레이더는 레버리지(마진 계좌라고도 한다)를 사용해 신용으로 주식과 증권을 매입한다. 부동산으로 치면 보증금을 10~20%만 내고 대출을 얻어 집을 구매하는 셈이다. 데이 트레이딩의 경우 트레이더들은 현금이나 다른 증권을 보증금으로 활용한다.

주식 계좌를 가지고 더 많은 주식이나 증권을 사기 위해서 돈을 빌리는 것이다. 레버리지를 제대로 활용한다면 적은 돈을 가지고 상대적으로 큰 수익을 남길 수 있다.

마지막으로 데이 트레이딩이 가지고 있는 최고의 장점은 시장이 24시간 열려 있다는 것이다. 시장만 개장되어 있다면 언제든지 데이 트레이딩을 할 수 있다. 주식시장은 미국 동부시간을 기준으로 오전 7시 반부터 오후 2시까지 열린다. 하지만 미국 주식시장의 경우만 그렇다. 다른 시장은 하루 24시간, 일주일에 6일 열려 있다. 낮에는 직장에서 일을 하고, 다른 시간에는 트레이딩 기술을 연습할 수 있으며, 언제든지 원하는 시간에 트레이딩을 할 수 있다. 밤에 자기 전에 트레이딩을 할 수도 있고, 아침에 직장으로 출근하기 전에 트레이딩을 할 수도 있다. 트레이딩은 스마트폰이나 태블릿을 사용하면 된다. 증권회사들은 모바일 기기에서 사용할 수 있는 정교한 트레이딩 플랫폼을 제공하고 있다. 인터넷만 있으면 언제 어디에서나 트레이딩이 가능하다. 카페에서도 트레이딩을 할 수 있고, 집에서도 할 수 있다. 많은 시간을 투자할 필요도 없다. 하루 1시간, 일주일에 2~4시간, 시장에서 최고의 수익을 안겨줄 수 있는 최고의 목표물을 확인하면 된다. 어떻게 트레이딩을 끌고 나갈지는 순전히 자신의 몫이다.

이 책은 데이 트레이딩을 시작하기 위해서 필요한 기본 개념을 함께 짚어볼 수 있는 참고서이다. 지금부터 트레이딩 계좌를 만들고, 자금을 마련하고, 수익성이 높은 트레이딩을 찾아내어 돈을 벌고 빠져나오고, 손실을 피하는 방법을 차근차근 설명하려고 한다. 데이 트레이딩과 단기 트레이딩, 투자의 차이에 대해서도 설명하려고 한다. 또한 관리가 가능하고, 재미있고, 수익성 좋은 트레이딩을 위해 계좌를 구성하고 유지하기 위해서는 무엇이 필요한지에 대해서도 설명할 것이다. 필요한 것은 지식과 통찰력, 약간의 훈련뿐이다. 당신은 곧 시장의 신호를 포착하고, 좋은 트레이딩과 나쁜 트레이딩을 구분해 돈을 벌게 될 것이다.

CHAPTER 1

시장과 트레이딩에 대한 소개

트레이딩, 데이 트레이딩, 투자는 인터넷을 이용해 거래할 수 있는 금융상품을 사고파는 행위를 설명하는 용어이다. 트레이딩의 대상은 주식이 될 수도 있고, 석유나 금과 같은 상품일 수도 있고, 외환이 될 수도 있다. 데이 트레이더와 트레이더는 컴퓨터를 이용해 금융시장에서 주식, 상품, 외환을 매매한다. 주식시장에 대해서는 익히 들어보았을 것이다. 금융시장은 전 세계 어디에나 있어서 유럽에 있는 기업의 주식을 거래할 수도 있고, 아시아의 금을 거래할 수도 있다. 개발도상국의 외환을 거래할 수도 있다. 이들의 공통점은 인터넷을 이용해 집에 있는 컴퓨터나 태블릿, 스마트폰으로 거래가 가능하다는 것이다.

시장의 기능
시장 조성자와 시장 가격

시장은 금융 트레이더, 상품, 플랫폼으로 구성된다. 즉 시장이 주식, 외환, 금이나 석유 같은 금융상품을 단기 또는 장기간 트레이딩하거나 투자하는 전문 트레이더와 개인 트레이더, 투자자들의 연합이라는 뜻이다. 금융시장에서 트레이더와 투자자는 전자적으로 또는 얼굴을 맞대고 허용된 규칙과 규제 속에서 매도하고 매입하는 시장의 참여자들이다. 여기에서 말하는 시장은 특정한 시장이 아니라 주식, 채권을 비롯한 폭넓은 매매 대상을 모두 포함하는 업계 전체를 뜻한다는 사실을 기억하길 바란다.

금융시장이라는 말을 들으면 사람들은 흔히 텔레비전이나 뉴욕증권거래소 사진에서 보았던 피트pit를 떠올린다. 피트에서는 증권사에 속한 수십 명의 트레이더가 손을 흔들면서 매도 주문과 매수 주문을 외치고 있다. 피트는 증권거래소의 바닥을 의미하고, 여기에서 증권사의 트레이더들이 바로 시장 조성자이다.

시장 조성자

시장 조성자는 거래할 수 있는 주식을 사고팔면서 돈을 버는 거래소의 트레이더들이다. 이들은 주식거래소에서 이뤄지는 모든 트레이딩에서 직접 매수 또는 매도하고, 수수료를 벌어들인다. 문제는 시장이 좋지 않을 때도 가격에 관계없이 주식을 무조건 매수해야 한다는 것이다. 주문이 넘쳐나거나, 매입자가 거의 없는 날도 마찬가지다. 시장 조성자는 시장이 좋을 때나 나쁠 때나 투자시장을 효율적이면서도 정렬하게 이끌어야 한다.

시장 조성자는 모건스탠리, 메릴린치와 같은 대형 증권사의 트레이더들이 주를 이루며, 일부는 거래소에 자리를 얻은 개인 계좌의 소유자들이 고용한 트레이더이다. 거래소에 자리를 얻으면 트레이딩에 참여할 수 있게 된다.

거래소의 트레이더는 흔히 수천 주씩 대량 매매하지만, 가끔은 수백 주 또는 그보다 작은 규모의 소량 매매를 할 때도 있다. 이들은 자신의 계좌로 트레이딩하기도 하고, 고객의 계좌를 위해서 주식을 매수하는 기업을 대신해 트레이딩하기도 한다. 어느 쪽이든 거래소를 거치는 모든 트레이딩와 고객을 위한 트레이딩에서 받는 수수료가 이들이 일하는 이유이다. 거래소의 트레이더들은 미국증권거래위원회SEC, 금융산업규제청FIRNA, 핀라, 미국선물협회NFA의 엄격한 규제를 받는다. 미국증권거래위원회는 미국 금융시장의 사기 행위를 막는 정부 기관이다. 금융산업규제청과 미국선물협회는 미국 내 주식, 외환시장, 선물 전문가를 감독하고 규제하는 감독기관이다.

> **신탁 관리**
> 시장 조성자는 일종의 중개인이다. 그런데 신탁 관리 서비스를 제공할 수 있는 사람들은 고객 계좌를 관리할 수 있도록 등록된 FIRNA와 NFA의 중개인들뿐이다. 즉 자신들의 니즈보다 고객들의 금융 니즈를 더 우위에 두도록 요구되는 중개인이라는 뜻이다.

가격의 판단

전 세계 주식시장은 주식, 외환, 선물과 같은 금융상품의 매수자와 매도자를 위한 물리적 또는 전자적인 장소를 제공할 뿐 아니라, 매매 대상의 가격을 결정하도록 돕는다. 증권거래소 여기저기에 흩어져 있는 수많은 스크린은 각 주식이 매입되고 매도되는 가격을 보여준다. 가격은 계속 업데이트되어 트레이더들은 매 순간 트레이딩의 가치를 판단할 수 있다. 즉 가격을 판단할 수 있게 되는 것이다. 매수 가격은 매도 가격보다 약간 높은데, 매수 가격과 매도 가격의 차이를 매수/매도 스프레드라고 한다.

주식을 예로 들어보면, 주식을 판매할 때 매수호가, 주식을 매입할 때는 매도호가를 부른다. 매수자가 주식을 사들이는 가격은 매도자가 판매하는 가격보다 약간 높다. 이 두 가격의 차이인 스프레드는 딜러와 주식 중개업체의 수수료다. 매일 막대한 양으로 트레이딩되는 금융상품의 스프레드는 작다. 즉 매도가와 매수가의 차이는 아주 작은 수준이다.

만약 애플 주식 100주를 주당 101.50달러에 매수한 후 곧바로 100주를 매도한다면, 매도 가격은 101.40달러이다. 주당 10센트를 잃게 되는데, 이 돈은 딜러와 브로커가 한 번의 트레이딩에서 벌어들이는 돈이다. 이들은 주식이 매수, 매도되는 순간마다 돈을 번다는 사실을 기억해야 한다. 거래가 손실을 기록하더라도 수수료는 지불된다. 거래소에서는 매일 수천 건의 주문이 오가고, 거래소의 트레이더들은 주문을 처리하면서 약간의 돈을 받는다.

트레이딩되는 주식과 금융상품의 양이 바로 유동성이다. 상품의 유동성이 클수록(즉 자주 트레이딩될수록) 스프레드는 작아진다. 유동성이 낮으면(즉 트레이딩이 잘되지 않으면) 스프레드는 커진다.

발행시장과 유통시장

시장에 대해서 공부하다 보면 발행시장(1차 시장)과 유통시장(2차 시장)이라는 말을 자주 듣게 된다. 발행시장은 새롭게 발행된 주식과 채권이 처음 공개 매수되는 곳이다. 기업이 운영을 위해 현금을 조달할 때, 투자자는 주식으로 구체화된 회사의 지분에 투자하여 현금을 지불한다. 그 대가로 기업의 소유자들은 소유권 지분의 일부를 투자자들에게 제공하는 것이다. 기업은 이렇게 얻은 현금을 이용해 기업을 더 성장시키려고 노력한다. 처음 주식을 판매하는 절차를 IPO, 기업공개라고 한다.

이렇게 발행된 주식이 팔리기 시작하면 유통시장이 형성된다. 유통시장에서는 투자자와 트레이더가 별다른 제약 없이 금융상품을 거래한다. 유통시장의 거래는 중개 거래 플랫폼을 통해 거래소에서 이루어진다. 데이 트레이더들이 매매하는 금융상품은 유통시장에서 거래된다. 트레이딩 플랫폼은 어떤 금융상품을 거래하는지에 따라서 달라진다. 다시 말해, 주식을 트레이딩하는지, 외환인지, 선물인지에 따라 플랫폼이 다르다. 그런데 상품뿐 아니라 어떤 중개업체를 이용하느냐에 따라서도 플랫폼은 달라진다. 하지만 기본 개념은 똑같다. 주문을 기입하고, 얼마나 구매할 수 있는지 표시되고, 매번의 트레이딩에서 수익과 손실이 발생한다. 기호에 따라 다양한 정보가 표시된 복잡한 화면을 사용할 수도 있고, 몇 가지 정보만 표시되는 간단한 화면을 사용할 수도 있다. 어떤 전문 트레이더는 여덟 개의 스크린을 동시에 사용하기도 한다. 어떤 화면으로는 주문을 내고, 어떤 화면으로는 차트를 확인하며, 어떤 화면으로는 시장과 관련된 정보를 확인한다.

유통시장에서 거래로 돈을 받는 사람은 주식의 이전 소유자이다. 주식을 매입하는 사람은 돈을 내고 주식을 받는다. 주식을 발행한 기업은 어떤 돈도 받지 않는다. 기업이 주식을 팔고 돈을 받을 때는 처음 발행시장에 주식을 팔 때뿐이다. 이후 트레이더와 투자자들은 자신의 계좌에 있는 돈으로 서로서로 주식을 사고판다.

시장의 사람들

은행, 헤지펀드, 트레이딩 하우스

시장을 공부하고, 어떤 대상을 거래할지를 생각하고, 데이 트레이더로서 가슴 두근거리는 삶을 살기 전에 해야 할 일이 있다. 세계의 주식, 외환, 상품시장에 꼭 필요한 필수 기관을 이해하는 것이다.

투자은행

전 세계 주식, 채권, 뮤추얼펀드, 선물, 외환시장에는 중요한 참여자들이 있다. 무엇보다 가장 중요한 참여자가 투자은행이다. 투자은행은 트레이딩 비즈니스의 먹이사슬에서 가장 상단에 위치한다. 가장 먼저 자본을 모으는 주체가 투자은행이기 때문이다. 투자은행은 자본을 모으기 위한 문서를 작성하고, 투자를 조언하며, 기업이 제안하는 최초의 주식을 위한 장소를 제공한다. 여기에서 장소를 제공한다는 것은 증권거래소에 처음 주식을 상장시켜 일반인들이 투자나 트레이딩을 위해서 주식을 매입할 수 있도록 한다는 뜻이다. 앞에서 설명했듯이 기업이 증권거래소에서 처음 주주에게 주식을 판매하여 자본을 모으는 과정을 IPO라고 한다. IPO는 매우 복잡한 과정이다. 먼저 기업은 투자은행을 고용하여 얼마나 많은 주식을 얼마에 판매할지를 결정하고, 주식과 관련된 법적 계약이 있는지를 확인한다. 이 과정이 끝나면 투자은행은 막대한 자체 투자 네트워크를 이용하여 최초의 공모 가격에 주식을 매입할 투자자들을 찾는다. 최초의 공모 가격이 바로 기업이 공개되는 몸값이 된다.

이처럼 투자은행은 가장 먼저 주식으로 돈을 벌고, 고객들에게 대량으로 주식을 판매한다. 주식 공모 후 일반 트레이더들은 주식을 몇 번이나 소유했다가 팔았다 하면서 돈을 번다. 이것이 트레이더의 일상이다.

헤지펀드

두 번째 참여자는 헤지펀드이다. 헤지펀드는 개인 소유의 트레이딩 회사로 높은 레버리지를 사용하여 자사의 돈과 고객의 돈을 투자한다.

헤지펀드의 또 다른 특징은 다양한 트레이딩 방식이다. 헤지펀드는 세계 트레이딩 환경을 거시적인 관점에서 살펴 수익을 얻기 위해 '무제한' 전략으로 무엇이든 거래하는 펀드부터(예를 들어 글로벌 매크로 펀드) 주가가 오를 때뿐만 아니라 하락할 때도 돈을 벌 수 있도록 설계된 (롱-쇼트 펀드) 파생상품 전용 펀드(예를 들어 관리형 선물펀드)까지 다양하다. 심지어 경영권 인수, 파산, 재정 문제와 같은 트라우마를 겪고 있는 회사의 주식만 매입하는 부실 자산 펀드처럼 특수한 상황을 이용하는 펀드도 있다.

헤지펀드와 규제

헤지펀드가 투자자들에게 매력적인 이유 중 하나는 다른 금융기관들보다 증권거래소의 규제를 덜 받기 때문이다. 그러나 2010년 SAC캐피털 내부자 거래 고발과 같은 굵직굵직한 스캔들이 터지면서 상황은 바뀌기 시작했고, 정부 기관들이 헤지펀드를 감독하려는 노력이 강화되고 있다.

금융시장에서 헤지펀드는 거대한 구매자인 동시에 매도자이다. 헤지펀드는 종종 주식과 파생상품 포지션을 모두 사용하여 계좌를 매우 정교한 수준까지 다변화한다. 오늘날 대부분의 헤지펀드는 컴퓨터 모델링과 통계 프로그램을 사용하여 리스크가 가장 적은 최선의 트레이딩을 결정하고 찾아낸다. 대체적으로 전 세계 시장에서 가장 정교하고 강력한 데이 트레이더와 포지션 트레이더가 헤지펀드를 관리하고 있다고 말할 수 있다. 이들은 빈번하게 대규모로 트레이딩을 진행한다. 헤지펀드가 움직일 때마다 시장이 출렁거린다. 대형 헤지펀드가 움직인다는 소문이 나기 시작하면 사람들은 주목한다. 대부분의 헤지펀드는 본질적으로 매우 비밀스럽다. 안에서 어떤 일이 벌어지고 있고, 어떤 방법을 쓰는지 알리지 않으며, 펀드매니저들의 인지도도 낮다. 때문에 헤지펀드에서 일하거나 헤지펀드에 투자하는 사람들이 더욱 비밀스럽게 생각된다.

헤지펀드의 실적

주요 자산운용사들은 모든 투자 스타일의 헤지펀드를 적극 추천한다. UBS와 모건스탠리Morgan Stanley 같은 곳에서는 적절한 분산과 위험/보상을 위해 투자 포트폴리오의 15~20%를 대안적인 투자를 하도록 권고한다. 15~20%의 대안적인 투자에는 헤지펀드와 사모펀드, 파생상품 펀드와 같은 복잡한 형태의 투자가 포함된다.

헤지펀드 실적은 몇 년에 걸쳐 등락을 반복하는데 무엇보다 세계 주식시장과 경제가 혼란스러울 때 최선의 투자 성과를 기록하곤 한다. 이들은 전체 투자 포트폴리오에 최대한의 다양성을 제공하도록 여러 층으로 설계되었다. 만약 전 세계 주식시장이 호황으로 유럽, 미국, 아시아

시장 할 것 없이 모두 상승하고 있다면, 트레이더와 투자자들은 더 많은 수익을 올릴 것이다. 그리고 일관되고 다변화되지 않은 트레이딩 전략이 더 훌륭한 성과를 내게 된다. 이처럼 호황인 주식시장은 장기간 상승세를 유지한다. 가끔은 하락을 기록하는 날도 있지만, 전반적인 방향은 몇 주 또는 수개월, 심지어 몇 년 동안 상승 추세를 유지할 수 있다.

주식시장이 활황이라면 데이 트레이딩하기에 좋은 환경이며, 단순한 트레이딩 전략이 가장 효과적일 때이다. 한 가지 방향의, 다변화되지 않은 포트폴리오로 주식과 선물을 사들이기만 하는 것으로 최선의 투자 실적을 얻을 수 있다. 한마디로 싸게 사서 비싸게 팔면 된다. 시장이 매일 상승할 것만 같다면 롱 온리long-only(즉 싸게 사서 비싸게 파는 것) 전략으로 오래 보유한다. 어렵지도 않고, 트레이딩 플랫폼을 만드는 것도 간단하다. 지금이 바로 단순한 트레이딩 전략이 도움이 되는 때이다. 게다가 이런 롱 온리 전략은 다변화된 트레이딩에 비해 거래 수수료가 훨씬 저렴하다.

전문 트레이딩 회사

세 번째 유형의 투자자는 뮤추얼펀드나 투자회사 같은 전문 트레이딩 회사이다. 뮤추얼펀드는 펀드매니저가 전문적으로 관리하는 투자 자금의 집합이며, 일반적으로 장기 투자 주식형 또는 채권형 펀드이다.

직장에서 제공하는 401(k) 연금 계좌의 경우 뮤추얼펀드 그룹이 제공하는 전문적으로 관리되는 뮤추얼펀드에 투자되고 있을 가능성이 크다. 이러한 뮤추얼펀드 그룹은 고객의 최소한도를 하나로 모아 거대한 투자 자금을 만들어 전문적으로 관리하며, 다양성도 뛰어나다. 고객이 투자한 돈을 모아서 만든 거대한 투자 자금은 주식이나 채권, 또는 두 가지 모두에 다양한 금액으로 투자된다. 투자금을 다양한 규모로 10개, 50개 또는 100개 이상의 다른 지분 포지션에 할당하고, 펀드매니저들은 이렇게 할당된 지분을 사고팔아서 펀드투자자들에게 단기 수익을 안겨준다. 포지션이 정리되지 않았더라도 펀드투자자들은 시장에서 주식이나 채권의 상승을 확인할 수 있다(다만 아직은 현금화되지는 않은 수익이다). 펀드투자자들(미국의 은퇴자들)이 워낙 많기 때문에 뮤추얼펀드 그룹은 시장의 가장 큰손이다.

일반적인 트레이딩 대상

사람들은 저마다 다른 상품을 매매한다

데이 트레이딩을 시작하기 전에 트레이딩할 수 있는 투자상품의 종류를 알아야 한다. 어떤 투자상품은 이해도 쉽고 트레이딩도 쉽지만, 잠재적 수익이 작다. 어떤 투자상품은 트레이딩이 복잡하지만 잠재적으로 더 큰 수익 가능성을 제공한다.

주식 트레이딩

데이 트레이딩의 가장 기본적인 유형은 유가증권 중 하나인 주식을 매매하는 것이다. 주식 매매는 트레이딩의 기본 개념이 간단하기 때문에(한마디로 싸게 사서 비싸게 파는 것) 이해도 쉽다. 게다가 이트레이드E-Trade, 메릴엣지Merrill Edge, 스콧트레이드Scottrade 같은 온라인 트레이딩 플랫폼 덕분에 거래도 쉽다. 주식 매매는 세계 주식시장이 상승하고, 경제가 호황일 때 수익률이 높다.

> **롱**long, **쇼트**short
> 주가가 오를 것으로 예상하고 주식을 산다면, 롱(매수) 포지션을 취하는 것이다. 주가가 하락할 것이라는 기대 속에 주식을 팔아 더 낮은 가격에 다시 사는 것은 쇼트(매도) 포지션 또는 공매도라고 한다.

주문

데이 트레이딩을 위해서는 먼저 트레이딩 플랫폼에 로그인하고 종목 코드를 입력한다. 예를 들어 애플을 매수하려고 한다면 애플의 종목 코드인 AAPL을 입력한다. 트레이딩 플랫폼에서는 해당 종목의 현재 가격과 함께, 지금 당신이 계좌에 있는 돈으로 살 수 있는 최대 주식 수를 보여준다.

그다음으로는 매입하려는 주식의 수를 입력하고, '매수'를 클릭한다. 예를 들어 애플 주식 10주를 입력하고 버튼을 누르면 곧바로 거래가 시작되고, 곧 애플 종목 10주를 보유하게 된다. 만약 애플이 1주당 100달러에 거래되고 있다면, 총매수 금액은 1,000달러가 되며(주당 100달러×10주), 여기에 일반적으로 10달러 이하(이 경우 5달러 내외)의 수수료가 추가된다. 매수 후 트레이딩 플랫폼에는 현재 AAPL 주식 10주를 보유하고 있으며, 총비용은 1,005달러라고 표시된다.

종목 코드

마켓워치Market Watch, www.marketwatch.com 웹사이트에서는 종목 코드를 확인할 수 있는 편리한 서비스를 제공한다. 웹사이트에서 원하는 회사 이름을 입력하면 종목 코드, 현재 주가, 이전 종가 등 도움이 되는 정보를 얻을 수 있다.

수익 모니터링

만약 애플 주식의 가격이 상승하면, 트레이딩 플랫폼의 총액은 1,005달러에서 더 높은 가치로 바뀌게 될 것이다. 예를 들어 애플 주식 1주당 가격이 100달러에서 102.50달러가 된다면, 플랫폼에서의 총액은 1,025달러(102.50×10달러)가 될 것이다. 주식 거래 수수료로 5달러를 사용했으므로 트레이딩 플랫폼에서 20달러의 순이익을 확인할 수 있다. 하루 동안의 데이 트레이딩으로 20달러의 수익을 벌었고, 하루 수익률은 2%가 된다.

앞에서 설명한 것처럼 데이 트레이딩은 하루가 끝날 때 트레이딩을 마무리한다. 데이 트레이딩이 훌륭하게 이루어진 날에는 수익을 실현하여 현금을 손에 쥐고 하루를 마무리한다. 트레이딩을 종료하면 추가 트레이딩 수수료가 발생하는데, 앞에서 설명한 트레이딩에서는 일괄적으로 5달러의 수수료가 부과되었다. 만약 하루 동안 매매한 종목이 애플뿐이라면 15달러의 이익을 얻게 된다. 한 번의 트레이딩에서 15달러를 벌었다고 한다면 너무 적은 돈이라고 생각될지도 모른다. 하지만 데이 트레이딩은 위험이 거의 없고, 많은 노력이 들지도 않는다. 몇 분이나 몇 시간 동안 플랫폼을 들락날락하면서 안전하게 계좌에 현금을 불릴 수 있다.

만약 1,000달러의 투자금을 가지고 매일 같은 방법으로 거래한다면 한 달 동안 총 225달러의 돈을 벌게 된다. 한 달 동안 22.5%의 수익률이며, 연간 250%의 수익률을 기록하게 된다. 이런 방식의 트레이딩은 안전하고 관리하기도 쉬워서 계좌는 큰 노력 없이 1년 후 2,500달러로 증가할 것이다.

계좌에 있는 돈이 늘어나면 트레이딩의 규모는 더욱 커지고, 수익은 더 많이 증가하게 된다. 1,000달러의 계좌로 250~375%의 수익을 쉽고 안전하게 벌어들일 수도 있다.

레버리지 상장지수펀드

이제 난이도를 더 높여서 약간 더 복잡한 트레이딩을 하면 어떻게 되는지 알아보려고 한다. 여기에는 레버리지를 사용하는 상장지수펀드ETF, 즉 레버리지 ETF에 대한 투자가 포함된다.

ETF는 시장에서 거래되는 다양한 종목으로 구성된 바스켓이다. ETF는 정해진 금액을 투자하더라도 20~50개의 종목에 분할되어 있으며, 현재 거래되는 각 종목의 가격 일부로 가치를 매긴다. 즉 ETF의 거래 가치는 투자자들의 투자금 합을 거래되는 주식의 총수, 즉 트레이더가 사고팔 수 있는 주식의 수로 나눈 값과 같다. 전문 트레이더들이 ETF를 선호하는 이유 중 하나는 투자 다변화 효과 때문이다. 펀드가 다양한 기업의 주식을 보유하기 때문에 투자를 다변화하는 효과를 얻을 수 있다. ETF는 또한 종종 거래량이 엄청나기 때문에 하루 동안 상당한 수익을 올릴 수 있다. 덕분에 데이 트레이딩에 꼭 맞는 완벽한 상품이다.

레버리지 ETF는 ETF와 같지만 일반 ETF의 움직임을 2배 또는 3배만큼 증폭시키는 마진과 파생상품을 사용하도록 금융적으로 설계되었다. 즉 일반 ETF가 하루 동안 1.5% 상승했다면 2배 ETF는 그 2배인 3% 상승한다. 3배 ETF의 경우에는 4.5% 상승한다. 레버리지 ETF는 이처럼 일반 ETF와 비교했을 때 2배와 3배 더 높은 수익을 제공하지만, 그만큼 더 위험하고 비싸다는 점에 유의해야 한다.

파생상품

데이 트레이딩과 관련하여 또 다른 유용한 용어는 파생상품이다. 2008년에 금융위기가 발생했을 때 신문에서는 파생상품이라는 용어가 자주 등장했다. 파생상품은 다른 무엇인가의 가격에 의해서 가격이 결정되는 금융 계약 또는 자산을 말한다. 예를 들어, 옥수수 가격이 오르기를 바라면서 옥수수 부셸을 사들이려고 한다. 하지만 차고에 옥수수 1,000부셸을 쌓아놓을 수는 없는 노릇이다. 그래서 대신 선물 계약을 매수하는 것이다. 선물 계약이란 정해진 시점에 옥수수가 배달되도록 명시하는 것이다. 만약 옥수수 가격이 오르면 선물 계약의 가격도 오르고, 다른 사람에게 수익을 남기고 선물 계약을 매도할 수 있다. 선물 계약은 파생상품 중 하나의 예이다.

베어와 불 ETF

레버리지 ETF도 '불bull, 황소'과 '베어bear, 곰'로 설계되어 있다. 베어는 약세장인 베어마켓, 즉 하락장을 의미한다. 불은 강세장인 불마켓, 즉 상승장을 의미한다. 불 3배 ETF는 상승장에서 일반 ETF의 3배만큼 상승하고, 베어 3배 ETF는 일반 ETF가 하락할 때 돈을 벌 수 있다.

베어 ETF는 개념이 복잡할 수도 있지만 하락장에서 데이 트레이딩으로 간단하게 돈을 벌 수 있는 방법이다. 이를 활용하기 가장 좋은 방법은 장중 트레이딩에서 활용하는 것이다. 즉 정규 시장의 거래 시간 동안 트레이딩하며, 개장 전에는 설정되지 않는다. 나중에 설명하겠지만, 하루 동안 거래를 계속하면서 공식적으로 장이 열리기 전에 트레이딩을 프로그래밍하고, 당일 장이 끝나기 전에 트레이딩을 종료할 수도 있다.

레버리지 ETF에 투자할 때는 사전에 프로그래밍된 트레이딩을 사용하지 않는 것이 좋다. 레버리지 ETF 투자에서 중요한 것은 빠르게 매수하고, 빠르게 매도하는 것이다. 예를 들어 수익을 얻기 위해 2배 또는 3배 베어마켓 ETF의 상승에 올라탔다가 수익을 확보하고 빠르게 매도하는 것이 좋다. 베어 ETF는 위험하기 때문에 시장이 불황일 때 약간의 추가 이익을 얻기 위해서만 조심스럽게 사용해야 한다.

가장 일반적인 트레이딩 상품
선물과 외환 트레이딩

주식이나 ETF보다 매매하기가 다소 까다롭지만, 선물과 외환 트레이딩Forex은 데이 트레이딩하기에 좋은 대상이다. 선물 계약은 쇼트 포지션에 유리하다(즉, 시장이 하락할 때 돈을 벌 수 있다는 뜻이다). 외환 트레이딩은 어떤 통화의 가치가 다른 통화 대비 상승하거나 하락할 때 수익을 얻는다.

선물

선물 계약은 본질적으로 거래 대상을 미래에 합의된 가격에 사거나 파는 계약이다. 앞에서도 설명했던 것처럼 선물은 파생상품이라고 불리는 금융상품 중 하나이다.

선물 계약 수량과 결제일은 거래소에서 정하며, 수정할 수 없다. 덕분에 계약이 일률적으로 교환될 수 있어서 트레이딩이 단순해진다. 선물 계약에는 매수자와 매도자가 있고, 헤저hedger와 투기자speculator가 참여한다. 헤저는 상품의 미래 가격이 상승하거나 하락했을 때 리스크를 줄이기 위해서 계약에 참여한다.

예를 들어 어떤 항공사의 관리자는 6개월 후 제트 연료의 가격이 큰 폭으로 오를 것이라고 판단했다. 제트 연료의 가격이 인상되면 회사가 수익을 남기기 어려워진다. 그래서 이 관리자는 고정된 가격으로 제트 연료를 구입하기 위해 6개월 후에 정해진 가격으로 연료를 조달할 수 있는 석유 선물을 매수했다. 이때 고정된 가격은 회사가 연료비를 지불하면서도 여전히 수익을 낼 수 있는 수준이다. 회사의 관리자는 선물 계약을 통해서 연료비의 리스크를 헤지하고, 덕분에 회사의 미래 비용과 이익을 관리할 수 있다.

> **헤저**
> 헤저는 물리적인 제품을 사고파는 사람이다. 헤저는 미래에 물리적인 제품을 매도 또는 매수할 때 가격이 변동되지 않도록 고정하거나 손실을 최소화하기 위해서 선물 투자를 활용한다.

석유 선물 계약의 반대쪽 끝에는 투기자가 있다. 투기자는 석유나 제트 연료가 실제로 필요한 사람이 아니다. 다만 어떤 투기자가 6개월 후 석유의 가격이 선물 계약의 가격보다 낮을 것이라고 추정하고 있다. 투기자는 수익을 낼 수 있는 기회를 포착하고, 항공사 관리자가 팔고 있는 선물 계약을 매수한다. 선물 계약의 고정된 석유 가격이 상품의 실제 가격보다 낮을 경우, 투기자는 선물 계약으로 돈을 벌 수 있다. 예를 들어 투기자가 11월에 인도되는 원유를 7월에 배럴당 70달러에 1,000배럴을 매입했다. 이 기간 동안 원유 가격은 상승했고, 선물 계약도 함께 상승했다. 계약이 만료되는 시점에 원유 가격이 배럴당 90달러까지 상승하면 70달러에 보유하고 있던 1,000배럴의 석유를 배럴당 90달러에 시중에 판매하여 2만 달러(20달러×1,000배럴)의 이익을 얻을 수 있다. 이처럼 선물 계약은 매일 막대한 양으로 거래되기 때문에 데이 트레이더들에게 수익성 높은 시장이 된다.

스탠더드앤드푸어스

스탠더드앤드푸어스 500 지수S&P 500는 뉴욕증권거래소NYSE에 상장된 500대 기업을 기준으로 한 시장 지표다. S&P 500 지수는 전반적인 주식시장의 건전성을 나타내는 핵심 지표 중 하나로 사용되고 있다.

마진과 선물

선물 계약은 최대 50:1의 마진을 제공한다. 다시 말해 증거금으로 최대 50배의 돈을 빌릴 수 있다. 만약 선물 계좌에 최대 마진을 사용한다면 S&P 500 지수가 1% 상승할 때 이론적으로 최대 50배, 즉 50%의 수익을 올릴 수 있다는 뜻이다. 즉 계좌의 최대 50배까지 거래할 수 있게 된다. 리스크를 관리하기 위해 전체 포트폴리오의 20%만 사용한다면, 약 10%의 이익을 얻게 된다. 좀 더 자세히 설명해보면, 전체 포트폴리오의 20%를 50:1 마진으로 사용한다면 $0.20 \times 50 = 10\%$의 수익을 얻게 된다. 선물시장에서 1%의 수익을 올리면 마진 덕분에 실제로는 10%의 수익을 올리게 되는 것이다.

이처럼 선물시장은 높은 마진을 허용하기 때문에 주식이나 ETF 트레이딩보다 수익률이 훨씬 높다. 선물 계좌의 트레이딩 규모는 주식 계좌의 트레이딩 규모보다 훨씬 크다. 예를 들어 선물 계좌의 현금 잔액이 2,500달러인 경우 12만 5,000달러에 달하는 S&P 500 선물 계약을 거래할 수 있다. 반면 주식 계좌의 현금 잔액이 2,500달러인 경우에는 3,750달러의 S&P 500 ETF를 매입할 수 있다.

선물 계약은 거래 가치가 급하게 변동하고, 계좌를 계속 살펴보고 있어야 하기 때문에 약간 더 복잡하다. 특히 50:1의 마진으로 트레이딩하려면 기술이 필요하다. 시장을 읽고, 뉴스를 공부하고, 전 세계 경제 상황을 추적하고, 수익을 올릴 수 있도록 거래를 설정하는 등 이 책을 읽으면서 배울 수 있는 모든 기술이 선물 거래에서 테스트해볼 수 있다. 마음이 약한 사람들은 선물시장에서 살아남기 어렵다. 선물시장은 큰 수익을 원하는 전문 투자자들을 위한 시장이다. 한 달에 100%, 어쩌면 그 이상의 어마어마한 수익을 얻는 것도 흔한 일이다. 기회가 큰 만큼 시장을 이기기도 어렵다. 수많은 선물 트레이더가 단 몇 년 만에 상당한 손실을 입고 계좌를 폐쇄하곤 한다.

만약 데이 트레이딩의 기본을 숙지했고, 기술도 무르익었다고 판단된다면 선물 트레이딩을 시도해보길 바란다. 사실 시장은 모두 같다. 금, 석유, S&P 500 선물시장은 이해하고 매매하기에 가장 크고 쉬운 시장이다. 또한 ETF나 주식시장과 직접적으로 연결되어 있기 때문에 현장을 훈련하기에도 좋다. 옥수수나 콩 같은 농산물 선물 계약은 거래가 가능하지만 이런 상품의 가격은 엄격하게 경제 뉴스를 따르는 다른 시장과 달리 곡물의 수요, 날씨, 전 세계 거래 계약 등 변수가 많기 때문에 매매가 어렵다.

S&P 500 선물 계약

S&P 500 지수의 경우, 각 계약이 전체 S&P 500 지수를 달러로 표시하는 역할을 한다. 즉, S&P 500 지수가 2,575포인트라고 한다면

S&P 500의 선물 계약이 2,575달러에 거래된다는 뜻이다.

이 S&P 500 선물 계약을 데이 트레이딩하면 지수가 변동(하루 0.5~1.5% 변동이 일반적임)함에 따라 이익을 얻을 수 있다. 하지만 S&P 500 지수 ETF에 투자할 때보다 훨씬 높은 레버리지 비율이 적용될 수 있다. 종목 코드가 IVV인 iShares S&P 500 ETF를 예로 들어보자. IVV에 투자하면서 50%의 마진을 모두 사용했을 경우 지수가 1% 상승한다면 수익률이 50% 더 늘어 1.5%의 이익을 얻게 된다. 하루 동안 벌어들이는 돈으로 그리 나쁜 편은 아니다.

> **포인트**
> 지수의 포인트 값은 각 기업의 주식가치를 다른 기업과 비교해 상대적으로 나타내기 위해 사용되는 특별하고 복잡한 계량 시스템을 곱하여 계산된 임의의 숫자이다.

외환 트레이딩

외환 트레이딩의 경우, 트레이더는 한 쌍의 통화를 선택하고, 둘 중에서 상대적으로 가치가 상승할 것으로 판단되는 통화를 선택한다. 유럽에 가서 달러를 유로화로 환전한다면, 외환시장에 진입하여 미국 달러USD를 '팔고', 유로EUR를 '사는' 것이라고 할 수 있다. 만약 트레이더, 은행, 정부를 포함하여 많은 사람이 어떤 통화를 매도하고, 다른 통화를 사들인다면, 매도되는 통화의 가격이 하락하고 매입하는 통화의 가격은 상승하게 된다. 주식시장에서 모두가 애플을 매도한다면 애플 주식의 가격이 하락하는 것과 마찬가지이다. 이처럼 통화를 거래할 때도 동일한 공급과 수요의 원칙이 적용된다.

외환 트레이딩은 선물 트레이딩보다 쉽다. 마진은 10:1, 20:1, 50:1 등으로 다양하게 사용할 수 있지만, 투자할 수 있는 통화의 쌍은 소수이다. 두 개 또는 세 개의 통화쌍을 이해하는 것만으로도 훌륭한 트레이딩 수익을 올릴 수 있다.

매일 같은 두세 개의 통화쌍만을 거래하기 때문에 외환 트레이더는 짧은 시간에 전문가가 될 수 있다. 트레이딩에 있어서 전문적인 지식이 쌓이면 자연스럽게 트레이딩의 성공률이 높아지고, 따라서 높은 수익을 올릴 수 있게 된다. 비교적 짧은 시간에 배울 수 있으면서도 규모가 크고 수익성 있는 (20:1나 50:1의 마진) 거래로 외환 트레이딩을 고려해야 한다. 외환 계좌에 250~500달러의 현금 잔고로 외환 트레이딩을 시작한다고 해도 빠르게 수익을 창출할 수 있다. 500달러짜리 외환 계좌에서 하루 50~75달러의 수익을 얻는 것은 보통이다. 게다가 하루 24시간, 일주일에 6일 동안 거래가 이루어진다. 한마디로 이제 막 트레이딩을 배우는 사람들이 시도하기에 적합한 시장이다.

외환 트레이딩은 수익을 올릴 수 있는 잠재력이 있으면서도 기술을 숙달하기에도 쉽다.

통화가치

통화는 공급과 수요 외에 인플레이션(통화 단위당 가치가 낮아짐), 정치적 불안정, 생산성 개선과 하락, 자연재해 등의 이유로 요동칠 수 있다. 외환시장에서 데이 트레이딩을 하려면 국제 정세, 사회, 경제적 조건을 공부해야 한다.

처음 시작하는 이들을 위한 최소한의 데이 트레이딩 이해하기

005

트레이딩의 기본
기초부터 시작하는 데이 트레이딩

주식시장, 채권시장 또는 다른 종류의 투자시장 참여자들 대부분은 투자자이지 트레이더가 아니다. 시장에서 투자자와 트레이더를 구분하는 차이는 무엇일까? 레버지리와 거래 시간, 두 가지이다.

트레이더

대부분의 트레이더는 마진(증거금) 계정을 사용하거나 레버리지 투자 수단(레버리지 2배 또는 3배 ETF 또는 레버리지 뮤추얼펀드 등)을 거래하는 방식으로 레버리지를 사용한다. 어떤 방식을 사용하든 계좌의 현금과 투자한 자산을 계약금으로 증권사의 대출을 활용해 실제 투자금보다 더 많은 돈을 투자한다.

예를 들어 어떤 트레이더가 잔고가 5,000달러인 계좌를 가지고 현금이나 주식 또는 뮤추얼펀드로 포트폴리오를 구성하고 있다고 가정해보자. 중개업체가 잔고를 담보로 돈을 대출해준다. 그러면 트레이더는 계좌의 잔액과 사용 가능한 대출을 모두 활용하여 실제 매입할 수 있는 것보다 더 많은 유가증권을 구입한다. 담보의 질에 따라 계좌 잔고의 150~175%를 초과한 유가증권을 구입할 수 있다.

마진을 사용해야 할 경우 담보물의 질이 높을수록 중개업체가 허용하는 추가 마진 한도도 높아진다. 변동성 있는 주식이나 레버리지 ETF의 경우에는 추가로 제공되는 마진이 50%로 제한된다. 계좌에 포함된 자산의 질이 좋을수록 규정에서 명시된 한계 내에서 더 높은 마진을 얻을 수 있다.

시장 변동성이 낮고 경기가 좋을 때, 정부의 규제 당국은 증권사들이 이용 가능한 마진을 늘릴 수 있도록 허용하고, 그렇게 되면 트레이더들은 더 큰 규모의 거래를 할 수 있게 된다. 금리가 낮을 때는 마진 규정이 느슨하며, 덕분에 트레이더들은 더 큰 이익을 얻을 수 있다. 마진은 대출의 일종이기 때문에 마진 거래에는 대출 금리가 적용된다. 대출 금리는 트레이딩에서 올린 수익을 갉아먹으므로 유의해야 한다.

투자자

투자자는 대체적으로 레버리지를 사용하지 않고, 계좌의 현금만 사용한다. 미국의 투자자들은 퇴직금으로 직장의 401(k)나 증권사의 IRA 또는 로스Roth IRA에 투자한다. 돈은 미래에 사용할 계획으로, 사용 시기는 대부분 은퇴 시기다. 투자자들은 계좌에 한꺼번에 돈을 넣어 놓고 유가증권을 매입해 몇 개월, 몇 년 또는 그 이상을 보유한다. 정기적으로 투자 계좌에 돈을 넣는 투자자도 있다. 매달 월급에서 차감하거나, 매년 돈을 계좌에 넣어 회사 401(k)와 같은 퇴직 계좌에 입금한다.

매수 후 보유buy and hold

투자자들의 원칙은 보통 매수 후 보유, 즉 유가증권을 매수하여 오래 보유하는 것이다. 주식이나 채권, 뮤추얼펀드를 단기간 거래하는 것이 아니라 오랜 시간 보유하면 수익이 더 높아진다는 판단 때문이다.

시장은 오랜 시간 동안 꾸준히 상승하고, 단기간에 팔아도 아무런 이득이 없다는 생각에서 나온 투자 방식이다.

뿐만 아니라 투자자는 종종 분할 적립 투자dollar cost averaging라는 전략을 통해 투자 위험을 줄인다. 분할 적립 투자란 선택한 종목을 정해진 기간마다 같은 금액만큼 사들이는 것이다. 예를 들어 매달 월급을 받으면 그중 일정 금액으로 종목을 꾸준히 매입한다. 월급에서 차감되는 401(k)와 자기주도형 IRA(개인 퇴직 연금 계좌를 통해 펀드, ETF, 주식 외 대체 자산에 투자할 수 있는 제도)를 사용하는 투자자들이 바로 이런 방식을 기반으로 한다. 이 투자 방법은 특히 퇴직금이나 자녀의 대학 등록금 지원 프로그램과 같은 장기 투자가 목적일 때 유용하다. 시장이 갑작스러운 불황에 접어들더라도 전체 펀드는 영향을 받지 않으며, 해당 시장에 투자된 부분만 영향을 받는 장점도 있다.

트레이더 VS 투자자

트레이더

- 가능한 많은 레버리지leverage를 활용하여 마진 계정으로 구매력을 늘려 트레이딩의 수익을 높인다.
- 마진, 즉 중개업체에서 빌린 대출로 더 많은 주식을 매입한다.

- 몇 분, 몇 시간 또는 며칠 내에 트레이딩을 완료한다. 간혹 몇 주 또는 몇 개월 동안 포지션을 유지하기도 한다(포지션 트레이딩라고 도 한다).

투자자

- 레버리지를 사용하지 않고 현금만 사용한다.
- 현금만을 이용해 주식, 채권, 뮤추얼펀드 등의 유가증권을 매입한 다. 더 많이 매입하기 위해 돈을 빌리는 경우는 매우 드물다.
- 오랫동안 매입한다.
- 가격과 상관없이 동일한 종목을 정기적으로 매입하는 분할 적립 투자법을 사용한다(예를 들어 매월 15일과 30일에 매입한다).

세금을 잊지 마세요!

증권사의 금융 자문은 세금을 줄이기 위해서 계좌 소유자가 주식을 최대한 오래 보유할 수 있도록 조언하는 교육을 받는다. 1년 이내에 주식이나 증권 을 매도하면 단기 수익이 되기 때문에 가장 높은 세율이 부과된다는 사실을 잊어서는 안 된다. 투자자들은 트레이더보다 세금을 더 많이 의식하며, 가능 한 세금을 피하려고 한다.

CHAPTER 2

트레이딩 계획하기

좋은 트레이딩 계획을 세우는 것은 휴가 계획을 세우는 것과 같다. 항공권을 예약했거나, 항공 스케줄을 미리 알아보지 않고 무턱대고 공항부터 가는 사람은 없을 것이다. 먼 도시를 여행하면서 호텔을 미리 예약하지 않는 사람은 별로 없다. 트레이딩도 마찬가지이다. 매입과 수익 지점, 매도 지점을 미리 계획해야 한다. 손실이 발생한 트레이딩은 언제 정리해야 할지에 대해서도 미리 계획해야 한다. 특히 손실이 눈덩이처럼 불어나기 전에 정리해야 할 시점을 계획해야 한다.

운수 좋은 날
초저녁에 들여다보는 시장

데이 트레이더에게 운이 좋은 날은 어떤 날일까? 시장의 상황이 좋을 때는 움직임이 느리고, 흥미진진하다. 이런 날에는 항상 수익률이 좋다.

미국 중부시간으로 저녁 6시, 당신은 가족과 저녁을 먹고 부엌을 정리하는 중이다. 켜놓은 TV에서는 블룸버그 아시아 뉴스가 한창이다. 아시아 시장이 막 개장했고, 주식과 외환, 경제 뉴스가 방송되고 있다.

뉴스 훑어보기

당신은 TV에서 방송되는 최신 뉴스를 훑어본다. 종합 증권사인 UBS가 금요일 늦은 밤에 최신 뉴스의 보고서를 송부했다. 유럽 중앙은행이 수요일에 회의를 연다는 기사가 눈에 들어온다. 한편 UBS는 유럽의 금리가 0.25% 상승할 것으로 예측하고 있다. 그다음에는 중국의 경제 상황이 나아지고 있다는 기사가 눈에 띈다. 중국 정부는 화요일에 성명을 발표한다고 한다. 주식시장에 좋은 소식이 있을 것 같다. 당신은 뉴스를 보면서 한 주를 예측하고 경제와 정치 기사를 확인하고, 이런 소식들이 시장에 어떤 영향을 미치게 될지 예측한다.

트레이딩 포지션 설정

저녁을 먹고 정리를 하고 있을 때, OPEC이 석유 생산량 삭감을 깜짝 발표했다는 뉴스가 방송된다. 원유는 3주째 배럴당 43달러에 거래되고 있었다. 당신은 미국 서부텍사스 중질유WTI가 하락할 것이라고 예상하고 e-미니 원유 선물에 대해 쇼트 포지션을 가지고 있었다(e-미니 원유는 미국 서부텍사스 중질유의 가격과 원유 가격을 추적하지만, 1,000배럴 계약이 아닌 500배럴의 가격을 반영한다). "상품시장 상황이 달라지겠는걸!" 하는 판단이 선다. 미국 선물시장은 이미 개장한 상태였고, 당신은 재빨리 컴퓨터로 가서 WTI의 쇼트 포지션을 정리한다. 곧 전 세계의 다른 트레이더들도 같은 소식을 접할 것이고, 석유의 선물 가격은 상승할 것이다. 만약 쇼트 포지션을 정리하지 않았다면, 상당한

돈을 잃었을 것이다. 월요일 아침이 되면 원유 가격이 중요한 뉴스가
될 것이다. 이제 당신은 새로운 트레이딩 포지션을 설정해야 한다. 이
번 포지션 설정의 목표는 미국의 다른 트레이더들이 잠에서 깨어 트레
이딩을 시작하기 전에 트레이딩을 다변화하는 것이다.

트레이딩하기

우선 첫째로, 쇼트 포지션을 작은 롱 포지션으로 바꾼다. e-미니 계
약 5개에 대한 쇼트 포지션 대신, 2개의 선물 계약에 대한 롱 포지션을
설정한다. 원유 가격이 상승하면, 돈을 벌게 될 것이다.

트레이딩을 최대한 다변화하고 싶다고 생각하고 트레이딩 플랫폼
을 Forex, 즉 외환 트레이딩으로 전환한다. 200달러로 50:1의 레버리
지를 사용하여 1만 달러에 달하는 EUR/NOK(유로/노르웨이 크로네)에
대해 쇼트 포지션을 설정한다. 노르웨이 크로네가 유로화 대비 상승한
다면 수익을 얻게 된다. 원유에 대한 투자보다는 확실하지 않은 트레이
딩이지만, 노르웨이는 주요 원유 생산국이며 유럽으로 원유를 수출한
다. 당신은 지난 1년 동안 외환시장에서 거래해왔기 때문에 유가가 오
르면 노르웨이 크로네가 유로화 대비 가격이 상승한다는 것을 알고 있
다. 불확실성이 약간은 존재하지만 과거의 경험을 활용하여 얻은 지식

과 레버리지를 활용한 훌륭한 포지션이다.

유가 상승을 더 좋은 투자 기회로 만들기 위해서 주식 중개 트레이딩 플랫폼에서 원유회사의 ETF를 2배 레버리지로 매입한다. 미국 시장이 내일 아침까지 열리지 않을 것이기 때문에 트레이딩 시간을 '개장 시점'으로 설정한다. 이렇게 설정하면 개장 후 몇 초 내에 트레이딩이 시작될 것이다. 유가가 앞으로 어떻게 움직일지는 알지 못한다. 하지만 적어도 하루 동안은 상승할 것이다. 당신은 뉴스가 미국의 모든 투자자에게 감산 소식을 알린 다음, 장이 마감할 때 트레이딩 포지션을 종료할 계획이다. 다른 투자자들도 뉴스를 주시하고 있으며 하루 동안 중개업체에 연락하여 원유 생산회사의 주식을 매입할 것을 알고 있다.

트레이딩 헤지

돈이 벌리는 트레이딩 포지션을 설정하고, 친한 친구에게 전화를 걸었다. 친구 역시 데이 트레이더이다. 이 친구도 뉴스를 보고 있었고, 두 사람은 앞으로 벌어들일 돈을 생각하면서 웃으며 이야기를 나누었다. 그러다가 저렴하게 위험을 헤지할 수 있는 방법으로 화제를 전환했다. 두 사람은 석유 상품의 롱 포지션을 헤지하는 가장 좋은 방법은 다른 상품에 대한 쇼트 포지션을 구축하는 것이라는 데 의견을 같이 했다.

외환 계좌를 사용하면 호주 달러 1만 5,000달러어치를 매입할 수 있었다. AUD/USD 쇼트 포지션에서 미국 달러 대비 호주 달러의 가치가 하락하면 돈을 벌 수 있는 방법이었다. 레버리지를 50:1로 사용할 수 있기 때문에 300달러밖에 들지 않는 저렴한 헤지 방법이다.

마지막으로, 손절매 주문을 사용하면 원유의 가격이 빠르게 상승하고 다른 관련 상품(원자재)의 가격이 따라서 빠르게 상승한다고 해도, 손실을 제한할 수 있었다. 관련 상품 가격은 동시에 상승하는 경향이 있기 때문에 니켈, 철, 금과 같은 상품 가격이 상승할 때도 효과가 있는 방법이다. 이때 상품은 서로 다른 종목이라는 사실을 기억해야 한다. 곡물이 성장하는 시기에 날씨가 좋지 않아 흉작이라면, 곡물과 식료품의 가격은 자연히 상승한다. 미국 원유의 상당 부분을 공급하는 멕시코 만에 허리케인이 발생하면 원유 가격은 상승한다. 시장이 하락하거나, 더 나쁜 시나리오가 발생할 때, 예를 들어 테러 공격이나 군사 행동과 같은 지정학적 문제들이 전 세계를 뒤엎는다면 금 가격은 상승한다. 전세계가 공포에 휩싸이고 증시가 하락한다면 AUD/USD의 쇼트 포지션으로 돈을 벌게 된다. 이러한 현상은 전 세계 시장이 리스크, 즉 위험에 따라서 상승하기도 하고 하락하기도 하기 때문이다.

전 세계 시장이 리스크를 무서워하지 않는 '리스크 온 risk on (위험 선호)'의 상황에서는 더 높은 금리를 제공하는 경제 성장률이 높은 국가의 통화는 경제적으로 자리가 잡혀 성장률이 낮은 미국의 달러, 일본의

엔 또는 스위스의 프랑에 비해 가치가 상승한다. 브라질, 동남아시아, 동유럽의 일부 개발도상국(예: 체코, 헝가리 등)과 같은 국가의 경제는 성장하고 있으며, 이들 국가의 통화들은 리스크 온 시장에서 상승한다. 리스크 온 시장에서는 '상품 통화'로 알려진 국가의 통화, 즉 상품의 수출과 수입이 주요 무역원인 국가의 통화도 상승한다. 개발도상국의 경제 성장이 전 세계의 경제 성장과 긴밀하게 연결되고, 원유, 구리, 철광석 같은 상품을 생산하는 국가들은 세계 경제가 상승해야 지속적인 수요를 보장받을 수 있기 때문에 세계 경제에 대한 의존도가 높다. 세계 경제가 성장할 때는 전 세계에 퍼져 있는 제조 공정에서 더 많은 원자재를 필요로 하기 때문에 상품 수요가 증가하는 것이다. 반면에, 세계 경제가 둔화하면 제조업이 둔화하여 원자재에 대한 수요가 감소하고, 원자재 가격이 하락하며, 이를 생산하는 국가의 경제도 둔화한다.

헤지hedge란 무엇인가?
트레이더들은 헤지라는 단어를 자주 사용한다. 헤지란 기본적으로 다른 트레이딩에서 발생할 수 있는 손실을 상쇄하기 위한 일종의 보험이라고 생각하면 된다.

10시 뉴스가 방송되고 있다. 당신은 트레이딩 포지션을 모두 설정

했다. 오늘 밤에 원유시장에서 상당한 수익을 올린 후 다음 날 아침에
는 트레이딩 포지션을 정리할 것이다. 만약 원유시장이 생각과 달리 하
락할 때를 대비해 헤지를 위한 포지션도 설정했다. 헤지 포지션으로 인
한 손실이 너무 클 경우에 자동으로 손실을 막을 수 있는 방법도 추가
했다. 설거지는 끝났고, 아이들은 잠자리에 들었다. 오늘의 트레이딩은
끝났다. 훌륭한 수익을 기록하면서 내일을 맞이하게 될 것이다.

운수 나쁜 날
냉정을 유지하기

당신은 트레이딩 포지션을 구조적으로 설정하고, 언제나 통제하며, 수익을 벌어들인다. 항상 트레이딩을 예측하여 수익을 벌어들이는 것이 목표이다. 하지만 악재만 가득한 날도 있다. 이런 날에는 수익률에 먹구름이 덮이고, 정신이 혼미해진다. 지금부터는 투자가 제대로 되지 않는 날의 예이다.

오버나이트 트레이딩 준비

최근 계속 수익을 기록했는데 오늘은 상황이 다르다. 시장을 살펴보니 리스크 위험이 있다. 시장은 '리스크 온'과 '리스크 오프(위험 회피)'

두 가지 형태가 있다. 리스크 온인 날에는 사람들이 리스크를 무서워하지 않기 때문에 주식시장은 상승한다. 당연히 트레이딩에서 수익을 올리게 된다. CNBC와 같은 채널의 뉴스에서 사람들은 긍정적인 분위기 속에서 신이 나 있다. 시장의 모든 것이 좋고, 걱정할 것도 없다. 다들 부자가 되는 것처럼 보인다. 리스크 오프인 날에는 시장이 1% 이상 하락한다. 모든 화면의 지표가 파란색이 된다(미국은 반대로 빨간색이다). CNBC나 즐겨 보는 경제 뉴스는 부정적이고 모든 해설자가 투자하기 좋은 시기가 지나갔다고 말한다. '다들 돈을 잃고 있는가?', '다들 파산하는 것일까?'라는 걱정이 팽배하다.

시장과 대중은 매우 변덕스럽다. 시장은 별 뚜렷한 이유도 없이 며칠 동안 리스크 온이었다가 며칠 동안은 리스크 오프가 된다.

당신은 AUD/CHF(호주 달러/스위스 프랑)과 EUR/CHF(유로/스위스 프랑)에 롱 포지션을 구축하고, 자동으로 수익을 실현하도록 설정해놓았다. 내일 아침에 일어나면 약간의 수익과 불어난 계좌 잔고를 보면서 기분 좋게 하루를 시작할 생각으로 잠자리에 들었다.

나쁜 소식의 시작

일어나서 커피를 끓이고, CNBC를 들으면서 아침 식사를 준비한다.

TV에서 환율과 스위스 은행의 시장 개입에 관한 많은 뉴스가 쏟아지고 있다. "뭐라고?" 갑자기 들려온 나쁜 소식에 당신은 TV의 소리를 키운다. 스위스 국립은행이 통화시장에 개입하는 바람에 스위스 프랑과 다른 국가의 통화 간 환율이 크게 변동되었다는 사실을 깨닫게 된다. 하룻밤 사이의 큰 변화에 시장이 반응하고 있다. 스위스는 몇 년 동안 환율 변동이 거의 없었지만, 이제는 변화를 강요받고 있다. EUR/CHF는 이틀 사이에 1.10에서 0.98로 떨어졌다. 스위스 프랑이 유로화 대비 빠르게 상승하고 있다는 뜻이다. 당신을 포함해 스위스 프랑에 대해 쇼트 포지션을 구축한 모든 트레이더가 돈을 잃었다. 유로화가 스위스 프랑에 비해 상승할 것이라고 예측했는데, 그 반대의 상황이 벌어진 것이다. 이제 문제는 이번 사태로 당신의 계좌가 얼마나 심각한 피해를 입었느냐는 것이다.

국책은행이 이런 식으로 시장에 개입하는 일은 거의 없으며, 예측하지 못한 일 때문에 막대한 손해를 입을 수도 있다. 당신은 차트로 눈을 돌린다. 은행이 금리 변경을 발표한 새벽 3시에 큰 폭의 급등세가 있었다. 계좌의 잔액을 보았다. FX 플랫폼은 포지션을 정리하려고 했지만 스위스 프랑화 쇼트 포지션의 수가 너무 엄청나서 외환 중개업체는 처리하지 못했고, 그 와중에 가격은 하락해버렸다. 그러니까 당신이 미리 자동으로 이루어지도록 설정해놓은 주문이 제대로 실행되지 않았다는 뜻이다. 중개업체의 컴퓨터가 갑자기 동시에 밀려드는 거래 중지 주문을 제때에 처리하지 못했다는 뜻이다. 정말 좋지 않은 상황이다! 그나마 다행인 것은 완전히 깡통 계좌가 되기 전에 장이 마감했다는 사실이다. 나쁜 소식은 자동 중지 주문이 제대로 처리되지 않아 계좌의 40%가 날아가 버렸다는 사실이다. 트레이딩은 끝났지만, 손실이 너무 크다.

당신은 두려움에 떨면서 현실을 받아들이려고 노력한다. 컴퓨터를 끄고 출근 준비를 한다. CNBC의 뉴스 진행자들이 밤사이 벌어진 통화시장의 악재에 대해서 열심히 떠드는 소리를 들으면서 그나마 직장에 다니고 있어서 다행이라는 생각이 든다. 신속하게 현재의 투자 포지션을 확인한다. 시장은 여전히 리스크 온이고, 원유 미니 선물에 대한 롱 포지션은 장 초반 0.5% 상승했다. e-미니 S&P 500 선물 롱 포지션도 동반 상승 중이다. 하지만 e-미니 금 선물은 하락을 기록하고 있다. 금은 어쩔 수 없다. 다른 거래의 리스크를 상쇄하기 위한 헤지 투자였기 때문이다. 또한 헤지펀드의 가치지수로 널리 사용되며 골드만삭스Goldman Sachs 헤지펀드 VIP 인덱스를 좇는 골드만삭스 매크로 스트래티지스 헤지펀드Goldman Sachs Macro Strategies Hedge Fund ETF(종목 기호: GVIP)를 이용한 헤지 포지션도 가지고 있다.

재정적 손실의 평가

그나마 금 선물 계좌가 금 선물에 대한 롱 포지션으로 헤지되어 있어서 다행이었다(금은 전 세계적인 안전 투자처로 시장 전체가 나빠질 경우 상승한다). 또한 헤지펀드 ETF로 매크로 헤지도 되어 있었다. 이 두 가지가 상당한 도움이 될 것이다. 한 번의 트레이딩에서 너무 많은 손실을 입지 않도록 적절하게 헤지되어 있어서 생각보다는 손실이 크지 않았다.

매크로 헤지란 무엇인가?

매크로 헤지macro hedge는 금, 통화, 채권, 상품, 주식 등 세계의 모든 금융상품과 시장을 한 가지의 균형 잡힌 내부적 헤지 상품으로 묶은 것이다. 투자자는 하나의 ETF로 포트폴리오를 헤지할 수 있다. 한편 ETF 안에는 보다 복잡한 리스크 헤지가 이루어진다. 즉 투자 다변화 속의 다변화라고 할 수 있다.

자세히 살펴보니 시장은 여전히 리스크 온이다. 스위스 국립은행의 개입은 예측할 수 없었던 일이기 때문이다. 통화 계좌가 40% 감소했지만, 적절하게 리스크를 관리했기 때문에 계좌의 전체 순가치는 5%만 감소했다. 상황이 그다지 나쁘지는 않다. 머릿속으로 빠르게 계산해

보니 그다지 나쁜 하루는 아니지만, 순간 가슴이 철렁 내려앉았던 것은 사실이다. 이런 날엔 할 수 있는 일이 딱 한 가지, 모든 트레이딩을 청산하고 100% 현금을 보유하는 것이다. 시장에서 벗어나서 냉정을 유지해야 한다. 당신뿐 아니라 전 세계 모든 트레이더에게 운이 좋지 않은 날이었다. 몇 주 동안 대규모의 매도가 있을 수 있다. 사람들은 리스크를 줄이기 위해 노력할 것이다. 이럴 때는 시장에서 물러나야 한다. 당분간은 트레이딩을 쉬도록 한다.

당신은 조용히, 트레이딩 포지션을 하나씩 정리한다. 오전 장에서 남은 시간 동안 돈을 벌 수 있을지도 모르고, 그렇게 해서 손실을 만회할 수 있을지도 모른다. 하지만 당신은 하나씩 수동으로 포지션을 정리한다. 당신을 비롯하여 전 세계 다른 트레이더들은 밤사이 일어난 악재 때문에 약간은 지쳐 있다. 모두 같은 생각을 하고 있다. 그나마 상황이 좋을 때 시장을 벗어나, 시장이 정리되기를 기다리는 것이다. 당신은 시장이 서로 얽혀 있고 스위스 프랑화는 전 세계의 트레이딩과 상품의 자금을 조달하는 데 많이 사용되고 있다는 것을 알고 있다. 상황이 정리되는 과정이 까다로워질 수 있다고 생각하고 있어서 전반적인 위험을 줄이려고 한다. 100% 현금을 보유하여, 시장이 뉴스를 완전히 소화할 때까지 기다리기로 한다.

처음 시작하는 이들을 위한 최소한의 데이 트레이딩 이해하기

사업하듯 계획 짜기
트레이딩을 사업처럼

데이 트레이딩을 바라보는 가장 좋은 방법 중 하나는 일종의 사업이라고 생각하는 것이다. 컴퓨터나 아이패드 또는 스마트폰이 필요할 것이다. 또한 트레이딩 계좌에 투자할 현금이 필요하다. 좋은 소식은 투자를 시작하기 위해서 많은 현금은 필요하지 않다는 것이다. 소액의 현금 계좌만으로도 충분히 재미를 느낄 수 있다.

데이 트레이딩에 필요한 금액

통화시장의 경우 단 몇백 달러, 주식시장은 1,000달러 정도의 적은 금액으로도 데이 트레이딩하기에 충분하다.

선물 트레이딩은 약간 더 복잡하다. 최소 계좌로 대부분 2,000달러를 요구하지만, 마진 거래를 위해서 계좌에 2,500달러 이상을 넣어두는 것이 좋다. 선물 계좌에 여유 자금이 충분하지 않다면, 계좌 보유액이 2,000달러 기준 이하로 하락할 때마다 마진콜을 감수해야 한다.

마진콜이란?

마진콜은 중개업체 또는 거래소가 미리 결정된 현금 잔액을 맞추기 위해서 더 많은 현금이 필요하다고 선언하는 것이다. 현금을 채우지 않으면 계정의 트레이딩이 자동으로 종료된다. 강제로 트레이딩이 종료되면 손실을 입을 수도 있으므로, 선물 계좌의 잔액을 늘 최저한도 이상으로 유지하도록 한다.

비용, 수익 및 손실 추적

데이 트레이딩을 일종의 사업이라고 생각한다면 인터넷이나 전화 사용 같은 비용을 계산해야 한다. 또 홈오피스를 사용한다면 주택담보 대출이나 임대료 같은 비용도 고려해야 한다. 잡지와 신문을 구독하는 비용도 제외해야 할 것이다. 모든 비용이 트레이딩의 손익계산서에 기재되어야 한다.

세금

데이 트레이딩으로 얻은 수익은 단기 자본 소득으로 판단되므로, 세금 대상의 소득에서 정규 소득으로 보고된다. 데이 트레이딩으로 벌어들인 돈은 곧바로 소득에 포함되며, 연간 수백 또는 수천 달러에 달할지도 모른다. 트레이딩으로 얻은 이익은 일반적인 세율에 따라 당신에게 과세된다. 만약 이미 높은 세율이 적용되는 사람이라면 트레이딩으로 벌어들인 소득에 대해서도 같은 비율로 과세된다. 따라서 세금으로 인한 지출도 트레이딩 비용으로 포함해야 한다(트레이딩마다 각 5~10달러가 될 것이다).

과세 대상의 사업을 처리하는 가장 좋은 방법은 모든 비용을 추적하는 것이다. 주식 계좌에 직불 카드를 연동시키는 것도 좋은 방법이다. 예를 들어 주식 거래 계좌에 5,000달러를 예금하고 현금 잔액에 직불 카드를 연동시킬 수 있다. 그리고 한달 동안 거래하며 수익을 보존하고 손실을 흡수한다. 한 달이 지나면 계좌는 처음보다 불어나 있을 것이다. 여기에서 트레이딩과 관련된 비용을 인출한다. 고지서 금액을 지불하고, 잔액은 다음 달 트레이딩을 위해 복리로 증가할 수 있도록 계좌에 남겨둔다. 또 다른 방법은 월급을 받듯이 수익의 일부를 인출하여 관련 비용을 지불하고 생활비로 사용하는 것이다. 계좌에 남은 수익은 계속 쌓여서 계좌의 가치를 불리게 될 것이다.

소득과 월급

앞에서 설명했듯이 데이 트레이딩은 일종의 사업으로 생각해야 한다. 트레이딩의 수익을 일종의 월급으로 고려하도록 권한다. 이 방법은 데이 트레이딩 사업으로 번 돈을 누릴 수 있도록 해준다.

돈을 한 푼도 인출하지 않고 수익을 그대로 남겨 계좌를 불려만 가는 것은 대체로 좋은 방법이 아니다. 트레이딩의 규모가 커지면 확실히 매력적이지만, 관리하기 어려울 수 있다. 경제가 좋지 않고 주식시장과 외환시장이 어려움을 겪을 때는 트레이딩도 어려워진다. 이렇게 되면 트레이딩으로 벌어들인 수익으로 자동차 할부금을 내고, 외식을 하고, 휴가를 즐기고, 대학 학자금 대출을 갚았다는 사실에 기쁠 것이다. 좋은 트레이더는 탐욕을 부려서는 안 된다는 것을 알고 있다. 탐욕은 옳지 못한 결정을 내리고, 위험한 행동을 하게 만든다. 겸허한 데이 트레이더는 안전하고, 더욱 수익성 있는 트레이딩을 할 수 있다.

수익 목표를 아는 것의 힘

데이 트레이딩을 시작할 때는 어떤 목표를 이루고 싶은지 생각해보는 것이 좋다. 트레이딩으로 돈을 벌면 무엇을 하고 싶은가? 바보 같은 질문인 것 같지만, 스스로에게 자문하는 것이 최선이다. 목표가 있다면, 목표를 향해 매진할 수 있다. 만약 새로 차를 구입할 만큼의 돈을 벌고 싶다면, 또는 매달 400달러의 추가 수입이 필요하다면 그 정도만 트레이딩을 하면 된다. 매달 400달러씩을 벌게 되면 목표에 도달했기 때문에 공격으로 트레이딩하지 않게 된다. 속도를 늦추고 최소한의 위험을 감수하여 돈을 벌 수 있는 최선의 트레이딩을 찾으면 된다. 최선의 트레이딩에만 집중해 적은 위험을 감수하면서 수익을 약간 더 올릴 수 있다. 아니라면 현금을 가지고 있으면서 다음 달에 좋은 트레이딩 목표를 찾을 때까지 인내심을 가지고 기다릴 수도 있다. 이렇게 하면 자동차를 구매할 수 있는 정도의 돈을 벌면서 리스크를 최소화할 수 있다. 마치 직장에 다니면서 돈을 버는 것과 비슷해진다.

사업 계획을 짜듯이 트레이딩 계획을 짠다면 자신의 리스크 성향과 트레이딩 빈도를 파악할 수 있다. 원하는 만큼 적게 또는 많이 트레이딩할 수 있으며, 매일 현금을 들고 트레이딩을 시작하여 현금화한 상태로 하루를 마칠 수 있다. 곧 트레이딩이 좋은 사업이며, 수익성도 좋고 즐겁다는 것을 알게 될 것이다.

시간 활용법

트레이딩 데이를 계획하는 방법

아침을 준비하는 동안 CNBC나 블룸버그와 같은 비즈니스 뉴스를 들으면서 하루를 시작하는 것은 어떨까? 그날 어떤 경제 보고가 있을지 훌륭한 통찰력을 제공한다. 시장이 개장하기 전에 일찍 데이 트레이딩을 시작할 수 있는 좋은 방법이기도 하다. 시장을 미리 살펴보면 하루 동안 수익을 안겨줄 트레이딩 기회를 알아내는 데 도움이 된다.

시장 뉴스와 함께하는 이른 아침

시장이 불안정할 때 뉴스는 좋지 않은 소식을 미리 경고해주는 역할을 한다. 시장의 불안정은 간밤에 아시아나 유럽 시장에서 일어난 일이나 미국의 굵직한 경제 보고서가 발표되었기 때문일 수도 있다. 다음 시나리오는 꽤 자주 일어나는 일이다.

아침 5시에 일어나서 커피를 마시며 「월스트리트저널」의 마켓 섹션을 읽는다. 밤사이, 독일과 영국 시장이 혼란스러웠다고 한다. 오후 2시에는 미국 연방준비제도위원회가 금리 정책을 발표할 예정이다. 정보로 무장한 당신은 하루 동안 활발하게 트레이딩하지 않는 것이 좋겠다고 결정할지도 모른다. 이런 결정을 내린다면 어쩌면 긍정적일지도 모를 뉴스의 신호를 놓치게 될 것이다. 게다가 중대한 뉴스가 발표되기 전과 후에 휘몰아치는 시장으로부터 자신을 고립시키게 될 것이다. 어쩌면 투자 기회가 될지도 모르는 뉴스를 그냥 지나칠지, 아니면 위험을 감수할지를 판단해야 한다.

이처럼 불확실한 날에는 연습 계좌나 모의 계좌로 훈련하는 것이 좋다. 모의 계좌는 중개업체가 트레이딩을 훈련하도록 제공하는 계좌이다. 중개업체는 2만 5,000달러의 가상의 돈이 들어 있는 모의 계좌를 제공한다. 로그인을 하고, 트레이딩을 설정한 다음, 손절매를 설정하고 수익 지점을 파악한다. 실제 계좌로 투자할 때처럼 실시간 가격으로 주문할 수 있지만 실제 돈이 아닌 가상의 돈을 사용한다. 하루 동안의 투자에서 수익을 올리면 성과를 낸 것이다. 트레이딩이 어려울 때, 진짜 돈으로 위험을 감수하지 않고 실제 시장 환경에서 모의 계좌로 새로운 트레이딩 시나리오를 테스트하고 배울 수 있다.

CHAPTER 3

트레이딩의
비용

데이 트레이딩으로 상당한 수익과 이득을 얻을 수 있지만 매일 혼자 트레이딩할 때의 단점도 있다. 트레이딩은 직장생활과 다르다. 직장에서는 실적이 좋지 않더라도 월급을 받는다. 돈을 잃을 위험도 없다. 하지만 트레이딩을 할 때는 돈을 잃을 위험이 있다. 매번 트레이딩을 할 때마다 손실을 입을 수 있다. 이번 장에서는 데이 트레이딩의 비용에 대해서 살펴볼 것이다. 여기에는 재정적인 비용과 인적 비용이 모두 포함된다.

010

혼자서 하는 일
데이 트레이더의 고독

감정을 다스리고, 리스크를 감내할 수 있고, 트레이딩을 할 수 있는 현금이 마련된 다음에는 혼자 일할 수 있느냐의 문제가 남는다. 데이 트레이더들은 직장이나 고향, 근처 도시의 금융 지역이 아니라 집에서 혼자 트레이딩을 한다. 동료들과 어울리는 시간, 출근하는 기차에서 만난 사람들과의 대화, 사무실 동료와 함께 근처의 작은 커피숍으로 걸어서 즐기던 오후의 휴식이 무척이나 그리울지도 모른다.

어젯밤에 있었던 스포츠 경기를 두고 이야기할 동료가 없다는 뜻만이 아니다. 함께 트레이딩 아이디어를 논의할 동료도 없다는 뜻이다. 지금까지보다 더 큰 규모의 트레이딩을 앞두고 상사에게 조언을 구하고 싶을지도 모른다. 트레이딩이 버거울 때는 함께 책임을 져줄 상관이 있다는 것에서 위안을 얻을 수 있기 때문이다. 하지만 데이 트레이딩은 이런 것들과는 거리가 멀다. 혼자서 현금, 지식, 기술, 모든 위험을 감당해야 한다. 혼자 트레이딩을 하고, 혼자서 일할 때의 장점만 생각할 것이 아니라, 자신의 기질에 맞는지를 고려해야 한다. 지금부터 데이 트레이더로 혼자 일할 때 고려해야 할 점을 살펴보겠다. 이 중에는 좋은 것도 있고, 나쁜 것도 있다.

데이 트레이더로 혼자 트레이딩한다.

- 출결을 확인하는 사람이 없다.
- 직장에 지각할까 봐 걱정할 필요가 없다.
- 당신의 수익과 손실을 감시할 사람이 없다.
- 소프트웨어/컴퓨터를 수리해줄 지원 부서가 없다.
- 인쇄, 팩스, 파일 정리를 부탁할 사람이 없다. 하물며 샌드위치가 떨어졌다고 채워달라고 부탁할 담당 직원도 없다.
- 유급 병가 같은 것은 없다.
- 사무실에서 좋은 옷을 입을 필요가 없다.

대부분의 데이 트레이더가 그렇듯, 혼자 일하는 것이 그리 나쁘지 않다고 판단할 것이다. 실제로도 데이 트레이딩으로 성공하면서 얻는 장점은 단점보다 훨씬 많다. 혼자서 일하면서 겪는 실질적인 문제는 트레이딩 계좌와 트레이딩을 자신이 전적으로 감당해야 한다.

당신의 데이 트레이딩 경력과 계좌를 판가름하는 유일한 사람은 당신 자신이다. 유일하게 성과를 확인하는 방법은 데이 트레이딩으로 계좌를 불려 순자산을 쌓고 있다는 만족감이다.

만약 데이 트레이딩을 공식적인 일로 생각한다면 다음처럼 행동하게 될 것이다.

- 정해진 시간에 정기적으로 트레이딩한다.
- 더 전문적인 태도를 가지는 데 도움이 된다면 일종의 작업복을 입는다.
- 당신의 트레이딩 활동을 정기적으로 검토한다.
- 보통 직장에 다니는 것처럼 가족이나 친구들과 휴가를 잡는다.
- 하루를 시작하고 끝내는 루틴을 만든다.
- 사람들과의 관계를 유지한다. 단지 근처 커피숍이나 시장으로 산책을 하는 것만으로도 타인과 인맥을 쌓을 수 있다.

데이 트레이더의 도구: 프로처럼 트레이딩하라

도구의 관리

트레이딩을 직업으로 생각하고, 계좌는 직업을 위한 도구라고 생각해야 한다. 어떤 고객이 자동차 정비사에게 페라리를 맡긴다면 정비사는 신이 날 것이다. 하지만 자동차를 좋아하는 마음과는 별개로 냉정한 전문성으로 차를 튜닝할 것이다. 자동차의 가치를 떨어뜨리는 방식으로 정비 도구를 사용하지 않을 것이다. 트레이딩과 계좌를 이 자동차 정비사와 같은 마음으로 바라보아야 한다. 트레이딩은 비싼 트레이딩 도구를 사용하는 비싸고 이국적인 작업이다. 트레이딩 계좌를 사용하여 시장의 특정한 부분에서 트레이딩을 하기 때문이다.

냉정을 유지한다

전문성을 가지고 트레이딩하고, 트레이딩을 공식적인 일처럼 생각하는 것은 성공적인 데이 트레이딩 경력을 쌓는 데 중요한 요소 중 하나이다. 트레이딩을 할 때마다 감정이 동요되겠지만 감정에 압도될 필요는 없다. 냉철하게 주식, 상품, 통화를 처음 매입하는 매수 시점을 계획하고, 냉정을 유지하며, 수익을 남기기 위해서 트레이딩을 마무리하는 방법을 배울 수 있다. 실현되지 않은 이익에 의기양양하고(실현되지 않은 수익이란 장부상의 수익이다. 트레이딩을 종료하지 않았기 때문에 아직 트레이더의 계좌에 있는 돈이라고 볼 수 없다), 더 많은 돈을 벌려고 트레이딩을 마무리하지 못하는 일이 다반사이다.

잘못된 트레이딩

트레이딩이 잘못되어 손실이 나는 것은 흔하다. 데이 트레이더들은 흔히 "그때 수익을 실현했어야 했다"거나 "내가 무슨 생각을 했던 것일까?"라고 한탄하곤 한다. 감정을 다스릴 줄 알게 된다면 운수 좋은 날에는 돈을 벌고, 운수 나쁜 날에는 돈을 지킬 수 있다. 데이 트레이딩에서 냉철한 감정의 관리는 훌륭한 돈 관리의 핵심이다.

시간 투자

데이 트레이딩을 시작하기 전에는 반드시 충분한 시간을 들여야 한다. 트레이딩의 성공에 필요한 지식을 얻기 위해서는 몇 달에서 몇 년이 걸릴 수도 있다. 시장에 대해 얼마나 알고 있느냐에 따라 소요되는 기간이 달라진다. 시장에 익숙해지려면 최소한 몇 주 동안은 체계적인 학습 기간을 가져야 한다. 데이 트레이더들을 위한 책이나 「월스트리트 저널」과 「파이낸셜 타임스」 같은 경제지를 훑어보면서 학습해야 한다.

흔히 사람들은 당장 트레이딩을 시작해 돈을 벌려고 한다. 가능한 한 성공하고 싶다면, 돈을 벌기 전에 시장을 배워야 한다. 몇 분 만에 온라인으로 계좌를 개설하고, 돈을 입금하고, 트레이딩을 서두르는 사람도 있다. 투자 플랫폼의 화면에 정보를 입력하는 방법도 모르면서 트레이딩을 하는 사람도 있다. 이들은 잘못된 방향과 잘못된 금액으로 트레이딩을 한다. 여기에서 오는 재앙은 시간을 들여 계좌를 만들고, 운영하고, 트레이딩하고 싶은 상품을 공부하는 것으로 막을 수 있다. 궤도에 오르면, 컴퓨터 앞에 앉아 오르락내리락하는 시장에서 수익을 얻으려 애쓰는 동안 시간이 쏜살같이 흐르게 될 것이다. 어떤 시장은 저녁과 밤샘 트레이딩이 가능하다. 하지만 대부분의 시장은 오전과 이른 오후에만 개장한다. 이 시간 동안 트레이딩을 하기 위해서는 뉴스를 보고, 차트를 읽고, 트레이딩 포지션을 정해야 한다. 파트타임으로 트레이딩할 수도 있다. 예를 들어 일요일 오후나 퇴근 후에 트레이딩을 하는 식이다. 처음 트레이딩을 시작하는 사람은 파트타임으로 하는 것도 좋다. 다만 시장을 배울 수 있도록 충분한 시간을 투자해야 한다.

투자할 수 있는 현금

어떤 일을 하든지 장비가 필요하다. 만약 배관공이라면, 당신의 배관 장비를 운반하기 위해 밴이 필요할 것이다. 화가라면 붓과 물감이 필요할 것이다. 회계사는 컴퓨터와 세금 관련 소프트웨어가 필요할 수 있다. 데이 트레이더의 장비는 트레이딩을 위한 계좌이다. 계좌는 보통 현금과 마진의 결합으로 구성된다. 배관공에게 어느 정도 크기의 밴이 필요하듯 데이 트레이더에게는 어느 정도 수준의 돈이 필요하다.

처음 시작할 때는 적은 돈만으로도 충분하다. 계좌에 들어 있는 250달러만 가지고도 많은 것을 즐기고 배울 수 있다. 예를 들어 외환 거래 계좌에 250달러가 있다면 TV를 보면서 짧은 시간 동안 소규모의 트레이딩을 하면서 밤을 보내고, 다음 날 아침에 먹는 도넛, 점심, 오후 커피값을 지불하기에 충분한 돈을 버는 것이 가능하다. 긍정적인 트레이딩 경력을 쌓으면서 시장 용어, 소프트웨어 및 주문 입력 과정에 익숙해질 수 있는 좋은 방법이 될 것이다.

보상이 있는 소액 투자

적은 금액으로 시작하는 소액 트레이딩은 실질적으로 보상을 주는 경험이 될 수 있다. 하지만 소액 투자는 어리석은 행동을 유혹할 수도 있다. 계좌에 돈이 적기 때문에 더 큰 위험을 감수하여 더 높은 수익률을 얻는 트레이딩을 해야 한다는 생각에 빠질 수 있다. 트레이딩이 잘못되더라도 많은 돈을 잃지 않기 때문이다. 하지만 이런 생각을 버려야 한다. 부적절한 포지션 크기, 잘못된 마진 관리와 잘못된 트레이딩이 계속된다면 깡통 계좌가 될 수도 있다.

소액으로 시작했던 트레이딩에서 계속 돈을 벌어 계좌가 불어난다면 트레이딩의 규모가 더 커지게 된다. 또한 마음대로 사용할 수 있는 여유 자금으로 트레이딩을 해야 한다. 집세나 자동차 할부금으로 트레이딩하는 것은 현명하지 못하다. 계좌 안에 있는 돈으로만 트레이딩을 해야 한다. 다시 말해서 잃을 수도 있고, 위험을 감수할 수 있을 정도의 돈으로만 트레이딩을 해야 한다. 전업으로 트레이딩하는 전문적인 데이 트레이더라면 월급을 받는 것처럼 격주 또는 매월 돈을 인출할 수 있게 될 것이다. 그때까지는 트레이딩을 통해서 계좌가 불어나도록 두어야 한다.

중개업체
중개업체 선택

데이 트레이딩을 시작하기 전에 중개업체를 선택해야 한다. 당신의 데이 트레이딩 회사에서 사람을 뽑기 위한 면접이라고 생각하면 된다. 중개인이 일을 잘할 수 있는지, 중개를 위한 기술을 갖추고 있는지 등을 포함하여 면접 때 물어야 하는 기본적인 질문들이 있다. 마지막으로, 지원자가 데이 트레이딩에 적합한지를 판단해야 한다.

업체의 유형

중개업체를 선택할 때 관심 있는 투자 분야와 계좌의 금액에 따라 다양한 옵션을 선택할 수 있다.

주식 중개업체		
종류	장점	단점
할인 온라인 업체	주식과 ETF에 좋다.	중개인이 없다.
FX 중개업체	계좌의 한도가 적다. 높은 마진을 제공한다.	중개인이 없다.
멀티섹터	계좌의 한도가 적거나 중간 정도이다. 높은 마진을 제공한다.	중개인이 없다.
복합 업체	중개인의 도움을 받을 수 있다. 다양한 분야에 투자할 수 있다.	계좌의 최소한도가 높다.
종합 증권사	트레이딩 정보의 원천이 훌륭하다. 복잡한 계좌를 설정하기 위해 중개인의 도움을 받을 수 있다. 다양한 분야에 투자할 수 있다.	계좌의 최소한도가 높다. 거래 비용이 비싸다.

할인 업체

일단 가장 먼저 고려해야 하는 중개업체는 온라인 서비스만 제공하는 할인 업체이다. 온라인 업체들은 한 달에 50건 이상 트레이딩을 하면 수수료를 할인해준다. 외환 트레이딩을 계획하고 있다면, 중개업체에 의존하지 않을 준비를 해야 한다. 대부분의 업체가 중개인을 제공하지 않으며, 일부 기술적인 지원만 제공하는 경우가 많다.

FX 중개 계좌

FX 계좌로 데이 트레이딩할 계획이라면 예금, 현금 인출, 각 거래일에 기록한 모든 수익과 손실을 꼼꼼하게 기록해야 한다. 외환 중개업체들은 매달 손익계산서를 보내지도 않고, 1분기나 1년 동안 진행한 거래 목록을 보내주지도 않는다. 다만 당신의 계좌에 쌓이는 수익과 손실을 추적하는데, 매년 데이터가 초기화될 것이다. 이런 상황이다 보니 자신의 일별 수익과 손실, 금리를 직접 기록하는 것이 최선이다.

외화 중개업체들은 메이저라고 불리는 인기 있는 통화쌍에 낮은 수수료를 부과하는 경우가 많다. 일반적으로 짝을 이루는 통화쌍 또는 교차통화가 아니면 높은 수수료가 부과된다. 이종 통화쌍이라고 불리는 흔히 함께 거래되지 않는 통화쌍은 수수료가 가장 높다. 통화쌍 중 하나가 개발도상국 통화인 경우이다. 상대편 통화가 유로나 달러와 같은 메이저 통화더라도 마찬가지이다. 예를 들어 미국 달러/브라질 헤알화USD/BRL, 유로/체코 코루나EUR/CZK, 유로/헝가리 포린트EUR/HUF와 같은 통화쌍의 거래 수수료가 비싸다. 아시아 개발도상국을 포함하는 경우도 마찬가지이다. 그래서 이종 통화쌍은 거래할수록 수수료가 증가하는 단점이 있다.

반대로 수수료가 가장 저렴한 통화쌍은 전 세계적으로 가장 많이 거래되는 유로/달러EUR/USD이다. 수수료와 중개 수수료는 전체 수익에서 제해야 하는 비용이다. 따라서 트레이딩을 할 때마다 수수료를 낮추려고 노력하는 것이 좋다. 어떤 수수료는 비싸면서도 정액으로 부과되기 때문에 트레이딩을 시작하는 순간부터 손실이 발생하는 셈이다.

FX 가격과 핍Pip

외환 트레이딩의 수수료 설정 방법은 주식과 다르다. 외환 트레이딩에서는 보통 수수료 구조에서 명시하는 통화쌍 통화량의 일정 비율이 정해져 있다. 트레이딩을 설정하면 수수료는 거래 계좌에서 자동으로 차감된다. 이 때문에 트레이딩을 시작하는 순간부터 손실이 발생한다. 수수료는 100분의 1 퍼센트, 즉 베이시스 포인트를 기반으로 정해진다. 이런 베이시스 포인트 수수료는 핍Pip이라고 하며, 베이시스 포인트가 핍이다. 트레이딩을 위해 지불하는 핍의 가격은 트레이딩 규모와 관계없이 같다. EUR/USD 거래 수수료가 1핍이고, 1만 EUR/USD 트레이딩할 경우 거래 수수료는 1유로가 된다. 만약 100만 EUR/USD을 트레이딩한다면 거래를 시작하고 종료할 때까지의 수수료는 100유로가 될 것이다. 반면 주식이나 ETF는 매수와 매도 시에 수수료가 부과된다. 매수와 매도 수수료는 별도로 계산된다.

멀티섹터 중개업체

중개업체가 트레이딩 기록을 제공하지 않는다고 하더라도 자신에게 맞는 중개업체를 꼼꼼하게 따져서 찾아야 한다. 금, 석유, 외환을 모두 트레이딩하고 싶다면 멀티섹터 계좌를 개설해야 한다. 멀티섹터 계좌는 분야마다 원활한 트레이딩을 위해서 요구하는 롯lot이나 최소 트레이딩 규모가 다를 수 있기 때문에 순수한 외환 계좌보다 더 많은 최소 현금 잔액을 요구할 수 있다. 예를 들어 어떤 중개업체는 2,500달러 잔액의 계좌에 200:1의 마진과 완전한 멀티섹터 트레이딩을 제공한다. 앞에서도 설명했지만 이런 계좌는 트레이딩을 위해 중개업자의 도움을 받을 수 없으며, 중개업체에게 어떠한 명세서도 받지 않을 것이다. 미리 인쇄된 종이 트레이딩 양식을 사용하여 하루 동안의 수익, 손실, 금리를 기록하도록 한다. 또한 당일의 주가, 전반적인 시장의 상황을 기록할 수도 있다. 이 자료는 세금과 트레이딩의 성과를 기록할 수 있는 확실한 자료가 될 것이다.

복합 중개업체

복합 중개업체에는 트레이딩와 헤지 트레이딩 설정을 돕는 공인된 중개업자들이 있다. 이들은 할인된 수수료로 제공되는 온라인 서비스와 더 비싼 수수료로 중개업자의 지원을 비롯한 전체 서비스를 제공하는 두 가지 가격 구조로 운영한다. 이제 막 트레이딩을 시작하려고 한다거나 복잡한 트레이딩을 하고 싶다면 비싼 서비스에서 충분한 가치를 뽑아낼 수 있을 것이다. 트레이딩을 시작하기 전에 충분히 트레이딩 논리를 묻고 상담하도록 한다.

종합 증권사

전면적인 서비스를 제공하는 종합 증권사의 수수료는 비싸기 때문에 데이 트레이딩에 적합하지 않을 수 있다. 하지만 투자를 계획할 때 종합 증권사를 이용하면 상당한 도움이 될 것이다. 이들 업체가 제공하는 보고서와 자료는 데이 트레이딩에 꼭 필요하다. 제공되는 자료는 시장 분석, 업종과 산업 분석, S&P 500, ETF, 상품과 통화의 트레이딩의 가능성에 대한 정보가 포함된다.

중개업체들 대부분이 뉴스와 리서치 보고서를 제공하지만, 대다수는 뉴스에서 접할 수 있는 공개된 기사와 정보를 조합한 것에 불과하다. 비용을 지불해야 하더라도 가능한 최고의 리서치와 데이 트레이딩 아이디어를 얻어야 한다. 당신이 트레이딩하는 시장과 관련해 뛰어난 통찰력을 제공하는 종합 증권사에 계좌를 개설하면 이 문제를 해결할 수 있다. 이들을 이용하여 데이 트레이딩에 투입되지 않은 돈을 투자할 수도 있다. 즉 401(k) 계좌나 IRA 계좌 투자, 장기 투자, 모기지 같은 리테일 브로커리지retail brokerage(일반 개인투자자를 상대로 증권을 중개) 계좌를 개설할 수 있다. 종합 증권사에게 데이 트레이딩이 아닌 장기 투자를 담당하게 하면 된다.

덕분에 이들이 발행하는 뛰어난 중개 보고서, 리서치, 당일의 시장 보고서, 외환과 상품 보고서를 얻을 수 있을 것이다. 이들에게 계좌를 개설하고 보고서를 받기 위한 이메일 주소를 제공하여 보고서를 구독

한다. 이들의 보고서는 주로 기관투자자를 대상으로 당일의 심층 분석과 투자 제안을 제공하는 훌륭하게 쓰인 자료로, 적극적인 데이 트레이더에게 중요한 도구가 된다. 종합 증권사 개설에 드는 비용은 1년에 75~250달러 정도이다. 하지만 이들의 보고서와 정보를 받을 수 있다면 그만큼의 충분한 가치는 있다.

표준 계좌

표준 계좌는 대개 주식과 ETF만 트레이딩할 수 있다. 이런 계좌는 마진 거래를 허용하지 않는다. 다시 말해서 현금 잔액만큼만 매입할 수 있다. 마진을 제공하지 않기 때문에 투자 포지션의 크기와 리스크가 제한된다. 그래서 초보 투자자들에게 적합하다. 또한, 주식이나 ETF의 가격이 상승할 때 가치가 상승하는 롱 온리 트레이딩에 적합하다.

투자 계좌에 입금하고 출금하는 방법

일부 중개업체는 투자 계좌에 돈을 입금할 때와 출금할 때 동일한 방법을 사용하도록 요구한다. 즉 수표, 전신, 카드, 페이팔로 돈을 입금했다면 같은 방식으로 출금해야 한다. 계좌의 돈이 같은 방법으로 들고 나야 한다. 투자로 벌어들인 수익을 급여처럼 격주 또는 한 달마다 인출할 계획이라면 계좌의 입출금 방법을 고려해야 한다.

페드 와이어federal wire(연방준비통신망, FRB에 의해 구성된 은행 간 온라인 자금 결제 시스템)를 이용할 경우 은행이 수수료를 부과할 수도 있으므로 확인해야 한다. 출금의 경우 한 번 출금에 35~75달러의 수수료가 부과된다. 출금은 월요일부터 금요일까지 아침에만 처리할 수 있다. 연방 통신망을 이용하면 돈의 규모와 관계없이 고정된 수수료가 부과된다. 따라서 돈의 규모가 클수록 할인 효과가 커지기 때문에 유용하다. 은행 간 연방 통신망을 사용하면(즉 연방의 클리어링 하우스clearing house를 통해 다른 계좌로 송금하는 경우이다) 예금은 일종의 '우수한 자금'으로 판단한다. 이 경우에는 연방의 클리어링 하우스의 허락을 받기 위해 기다리지 않고 예금을 사용할 수 있다.

수표의 사용은 가장 느리다. 미국의 전통적인 거래 방식인 수표의 사용은 우푯값밖에 들지 않는다. 그래서 통신망이나 페이팔 또는 직불카드와 같은 대안적인 방법 사이에서 사용할 때 좋다. 수표가 도착하고, 트레이딩을 하기 전까지 결제가 완료되는 데 시간이 걸리기 때문에 돈을 송금하는 시기와 금액에 대한 계획을 세워야 한다.

CHAPTER 4

시장에
뛰어들기

이제 당신은 시장, 트레이딩, 데이 트레이딩에 대해 약간은 알게 되었다. 이제는 직접 트레이딩을 시작해야 할 시간이다. 무엇을 트레이딩할 것이고, 수익이 날 수 있는 좋은 트레이딩은 어떻게 찾을 것이고, 트레이딩을 어떻게 시작하고 종료할 것이며, 가장 안전하고 쉽게 수익을 얻는 방법을 배워야 한다.

주식 데이 트레이딩

주식으로 시작하기

데이 트레이딩을 시작하기 전에 먼저 무엇을 트레이딩할지 결정해야
한다. 선택할 수 있는 상품은 여러 가지인데, 그중에서 가장 먼저 고려
할 분야는 주식이다. 주식은 이해하기 쉽기 때문에 처음 트레이딩하기
에 좋다.

주식: 회사의 일부

　주식은 공개기업의 순자산을 나타낸다. 공개기업은 일정한 수의 조
각, 즉 주식으로 가치를 나눌 수 있다. 주식 1주를 가지면, 특정 회사의
일부를 소유하는 것이다. XYZ 회사의 주식은 해당 기업의 재무상태표

에 명시된 책상, 트럭, 건물을 포함한 모든 재산의 일부에 대한 법적인 소유권이다.

시가총액

주식은 시가총액에 따라 분류할 수 있다. 시가총액이란 시장에서 유통되는 주식 수에 해당 주식의 주가를 곱한 것이다. 예를 들어 XYZ 회사의 유통 주식이 100만 주이고, 주가가 10달러라면 XYZ의 시가총액은 100만×10달러, 즉 1,000만 달러가 된다.

트레이더는 싸다고 생각하는 주식을 사고, 비싸다고 생각하는 주식을 판다. 주식은 사고팔리면서 주가는 오르락내리락한다. 마치 끝없는 줄다리기를 하는 것과 같다. 데이 트레이더는 이런 주가의 등락 속에서 수익 기회를 포착하고, 주식을 매수하고 매도하여 수익을 얻는다.

주식 데이 트레이딩의 장·단점

주식을 데이 트레이딩하기에 좋은 이유 중 하나는 리서치가 쉽다는 것이다. 데이 트레이딩 서비스를 제공하는 거의 모든 중개업체가 고품질의 자체 보고서를 공개한다. 트레이더들은 이들 보고서를 독립적인 기업의 리서치와 비교 확인할 수 있다. 만약 주식이 상승하면 하루에

2~5%의 괜찮은 수익을 벌어들일 기회가 있다. 주식은 다른 투자와 마찬가지로 회사와 관련된 뉴스가 발표되었고, 그 뉴스가 다른 트레이더들을 주목하게 만들 때 움직인다.

예를 들어 대형 소매 체인점의 수익 발표를 앞두고 애널리스트와 트레이더가 지난 분기의 매출(예를 들어 지난 크리스마스와 새해 매출)이 상당할 것으로 예상했는데, 막상 발표를 보니 예상의 절반에 불과하다고 가정해보자. 큰 바위가 골짜기로 떨어진 것과 같은 끔찍한 소식이다. 그런데 해당 종목에만 끔찍한 소식일 뿐만 아니라, 같은 종류의 제품을 판매하는 동일하거나 유사한 시장의 다른 소매업체도 엄청난 하방 압력을 받게 된다. 비슷한 모든 소매업체도 비슷한 이익과 매출을 기록할 것으로 추정되기 때문이다. 이처럼 트레이더들의 주목을 받는 뉴스가 좋은 소식으로 소화되는지, 나쁜 소식으로 소화되는지에 따라 주식의 가격은 오르고 내린다.

개별 주식을 데이 트레이딩할 때의 단점은 분산되지 않은 포지션의 트레이딩 포트폴리오가 만들어진다는 것이다. 이 때문에 위험이 집중된다. '한 바구니에 계란을 너무 많이 담지 말라'는 격언을 떠올려보자. 소수의 포지션에 집중하여 다변화하지 않는다면 운이 좋으면 상당한 수익을 올릴 수 있지만, 반대의 경우 큰 손실을 보게 된다. 하지만 또 다른 문제점도 있다. 트레이딩 포트폴리오에 있는 주식이 시장에서 소외되어 거의 움직이지 않는 경우도 있다. 수익을 낼 수도 있는 돈이 움직이지 않는 종목에 묶일 수도 있고, 같은 금액이 나쁜 트레이딩의 희생양이 될 수도 있다.

주식을 데이 트레이딩할 때의 또 다른 단점은 마진이 FX나 선물에 비해 매우 제한적이라는 것이다. 마진은 데이 트레이더에게 신용카드의 리볼빙과 같다. 분야마다 마진 또는 신용 거래의 한도를 규제하는데, 주식의 경우 주식과 현금 포지션을 포함하여 전체 계좌의 약 50%로 제한된다.

상장지수펀드ETF

앞에서 거래소 상장지수펀드, 즉 ETF에 대해 설명했었다. 여기에서는 좀 더 자세히 살펴보려고 한다. ETF는 개별 종목이나 관련 상품을 '바스켓'으로 모아놓은 것이다. 개별 종목과 동일한 과정으로 가치를 평가하지만, 뮤추얼펀드처럼 트레이딩을 다변화할 수 있다. 바스켓에 다양한 종목이 포함되어 있어서 일부 종목에 위험이 집중되지 않는다는 것이 ETF의 장점이다. 게다가 ETF는 산업 전반에 걸친 가격의 이동을 활용할 수 있다. 예를 들어 금융 산업, 원유 산업, 기술과 바이오 종목 같은 산업 전체 가격의 변화를 활용할 수 있다. 각 산업은 서로 다른 시기에 가격이 움직이며, 다른 요소의 영향을 받는다. 이런 점을 감안하면 ETF 데이 트레이딩은 특정 산업의 가격이 빠르게 움직일 때, 산업 전체를 트레이딩할 수 있는 깔끔하고 간편하며 효과적인 방법이 된다.

ETF 트레이딩의 유연성

현재 ETF를 활용하면 거의 모든 데이 트레이딩 포지션을 설정할 수 있다. 심지어 ETF에 포함된 종목의 가치가 하락할 때 돈을 벌 수 있는 '쇼트' 포지션을 제공하는 ETF도 있다. 이러한 ETF는 베어 ETF라고 한다.

ETF 데이 트레이딩의 장·단점

ETF 데이 트레이딩의 장점은 다변화, 다양한 산업에 대한 트레이딩 가능성, 트레이더와 기관투자자들의 ETF 선호도 등이다. ETF가 트레이더와 기관투자자들 사이에서 인기가 있기 때문에 트레이딩이 안전하고 수익성이 좋다. 하지만 ETF 데이 트레이딩의 단점도 있다. ETF는 개별 주식 종목처럼 거래되고 같은 규제를 받기 때문에 주식과 마찬가지로 마진이 제한적이다.

외환 데이 트레이딩

외환 거래

상대적으로 단순한 주식과 ETF 트레이딩의 세계에서 경험이 쌓이면 외환, 금, 상품, 선물 트레이딩의 세계를 바라게 될지도 모른다. 이들 시장은 허용된 마진이 크고, 어떤 때는 믿을 수 없을 정도로 막대하기 때문에 트레이딩의 규모를 크게 증폭할 수 있다.

외환 데이 트레이딩은 무엇이 다른가

외환 데이 트레이딩은 트레이딩을 생업으로 삼으려는 트레이더들이 선호하는 분야가 되었다. 외환시장은 규제되지 않으며, 전 세계적으로 개장하고, 일요일 오후부터 금요일 오후까지 하루 24시간 개장한다.

외환 트레이딩이 다른 트레이딩과 다른 이유는 여러 가지이다. 먼저 트레이딩 대상이 다르다. 기업, 여러 기업을 모은 바스켓, 상품이 아니라 두 가지 통화의 환율 간 차이에 트레이딩한다. 예를 들어 호주 달러가 일본 엔화에 대해 상승할지AUD/JPY, 미국 달러가 스위스 프랑 대비 가치가 상승할지USD/CHF, 노르웨이 크로네가 유로에 대해 강세를 보일지NOK/EUR를 추정하여 트레이딩한다. 하락할 것이라고 생각되는 통화는 팔거나 쇼트 포지션을 구축하고, 상승할 통화는 매입하거나 롱 포지션을 구축한다.

외환 데이 트레이딩의 장점

외환 데이 트레이딩의 또 다른 장점은 계좌의 최소한도가 적다는 것이다. 25달러면 계좌를 만들 수 있고, 심지어 1달러에 계좌를 만들어주는 중개업체도 있다. 이렇게 적은 돈을 어떻게 하면 효과적으로 트레이딩에 활용할까? 유럽 및 아시아의 외환 중개업체는 10:1에서 많게는 500:1까지의 마진을 제공한다. 계좌에 100달러만 있어도 5만 달러 가치의 통화를 트레이드할 수 있다는 뜻이다. 이처럼 적은 초기 자금을 가지고 많은 돈을 벌 수 있다.

또한 외환 중개업체들이 트레이딩할 수 있는 물량을 가진 통화가 약

15개(EUR/USD, AUD/JPY, CAD/USD 등)밖에 되지 않아서 이용 가능한 통화쌍이 한정되어 있기 때문에 공부량이 적고 시장에 대한 감각을 빠르게 익힐 수 있다. 트레이딩 아이디어를 찾을 때 외환시장의 동향을 분석하는 것도 비교적 쉽다. 외환시장은 기술적인 차트의 추세뿐 아니라 경제와 뉴스 분석도 잘 맞는다. 세계 중앙은행이 발행하는 경제 보고서를 보면 통화쌍의 가치를 예측하고 쉽다. 기술적 차트는 통화쌍이 언제 상승하고, 조정을 거치게 될지를 보여준다.

AUD/JPY와 같은 통화쌍은 주식 트레이더들이 어느 정도 위험을 감수하려는지를 보여주는 전통적인 척도로 알려져 있다. 전 세계 주식시장과 동반 움직임을 보이기 때문이다. 트레이더들이 포트폴리오에서 리스크를 더 많이 감수하려고 하고, 주식을 더 매입하려고 할 때는 금리가 높고 위험도가 큰 호주 달러가 금리가 낮고 안정적인 엔화 대비 절상된다.

양적 완화

중앙은행들은 자국의 통화가 주요 교역 상대국에 비해 과대평가되거나 저평가되는 경우에 대해 잘 알고 있다. 그래서 중앙은행은 통화를 조정하기 위해서 종종 통화시장에 개입한다. 이런 활동을 양적 완화라고 하며, 양적 완화가 시작되면 통화가 급격하게 움직인다. 양적 완화가 시작되면 한 나라의 금융 보유고가 대대적으로 변화하기 때문에 훌륭한 데이 트레이딩 기회를 제공할 수 있다.

외환 데이 트레이딩의 어려움

하지만 외환 데이 트레이딩에는 단점이 있다. 다른 시장과 마찬가지로 단시간에 예측불허의 사건이 발생할 수 있다는 사실이다. 외환시장은 실업 통계와 같은 경제 뉴스와 지정학적 뉴스, 군사적 충돌과 같은 예상치 못한 사건의 영향을 받는다.

외환시장에 영향을 미치는 또 다른 뉴스는 중앙은행의 갑작스러운 금리 정책 변경이다. 예를 들어 호주 달러AUD와 같은 환태평양 지역의 통화 금리가 하룻밤 사이에 인상되면 스위스 프랑CHF과 같은 낮은 금리의 통화 대비 가치가 급상승하고, 상승된 가치가 오래 지속할 수 있다. 만약 당신이 안전한 스위스 프랑화가 금리가 높은 호주 달러 대비 가치가 상승할 것이라고 생각하여 AUD/CHF의 쇼트 포지션을 가지고 있었다면 심각한 문제가 될 수 있다.

마진의 위험성

큰 마진의 제공은 외환 데이 트레이딩의 장점이기도 하지만, 단점이기도 하다. 외환 계좌의 레버리지에 익숙해지고 안전하게 사용하는 방법을 익히면 수익을 늘리는 효과적인 도구로 사용할 수 있다. 하지만 무리하게 사용하면 금세 큰 손실로 이어질 수 있다.

통화로서의 금

외환 트레이딩이 매력적으로 생각된다면 금 시장도 고려해볼 수 있다. 금은 상품이면서 동시에 화폐이기 때문에 특별하다.

금은 물리적으로 금속의 성질을 가지고 있어서 상품으로 보기 쉽다. 이런 금을 왜 통화로 봐야 할까? 미국 달러, 영국 파운드, 유로 같은 화폐의 가치와 반대로 움직이기 때문이다. 금의 양은 상대적으로 고정되어 있지만 화폐나 전자 화폐의 양은 끊임없이 변화한다. 유통되는 돈이 많아지면 같은 양의 금에 입찰하는 돈이 많아지기 때문에 금의 가치가 상승한다.

금의 움직임을 공부하기 위해서 초가을에 금이 어떻게 움직일지 알아보자. 초가을이 되면 금은 대개 상승한다. 가을에는 인도인들이 결혼 선물로 금을 구입하고, 봄에는 중국인들이 춘절에 금을 선물로 많이 구입하기 때문에 상승한다.

> **금과 인플레이션**
> 금의 데이 트레이딩은 인플레이션에 대한 시장의 심리를 데이 트레이딩하는 것과 같다. 시장의 인플레이션이 예측되면 금의 가격은 상승한다. 그 반대도 마찬가지인데, 경제 상황이 좋을수록 트레이더들이 금을 더 많이 팔기 때문에 가격이 하락한다.

금 데이 트레이딩의 장점

금 트레이딩은 다른 시장에서 트레이딩할 때보다 해석이 쉬울 수 있다. 시장에 영향을 주는 요소들이 상대적으로 적기 때문에 트레이딩의 기본을 파악하기가 더 쉽다. 400온스짜리 금괴의 가격은 절대 파산하지 않는다(400온스는 미국의 육군기지 포트 녹스Fort Knox의 금고에 보관되어 있는 금괴 크기이다). 주식시장의 역사에서 파산으로 가치가 사라진 기업은 왕왕 찾아볼 수 있다. 하지만 금은 다르다. 금은 재무상태표, 부채, 판매할 상품도 없다. 다만 양이 제한되어 있고, 적어도 일정 기간 수요가 사라지지 않을 것이다.

금 데이 트레이딩의 문제점

금 가격은 지정학적 뉴스뿐 아니라 경제 뉴스의 영향을 받는데, 이런 뉴스는 별다른 징후가 없다가 갑자기 찾아와 시장에 비이성적인 영향을 미친다. 금값에 영향을 미치는 또 다른 뉴스는 세계 중앙은행의 발표이다. 전 세계 중앙은행은 금을 사고파는데, 중앙은행의 대량 금 매수 또는 매도 소식은 시장에 빠르게 영향을 미친다.

당신이 금에 어떤 포지션을 가지고 있느냐에 따라서 좋은 영향을 받을 수도 있지만 나쁜 영향을 받을 수도 있다. 트레이딩할 수 있는 금의 양이 제한적이기 때문에 중앙은행과 주요 기관투자자(헤지펀드 등) 모두 시장의 금 가격에 큰 영향을 미칠 수 있다. 마지막으로, 금은 주로

ETF와 선물로 거래되는데, 어떤 방식을 이용하든 단점이 있을 수 있다. ETF의 경우 마진이 작고, 선물의 경우 최소 계좌 한도가 너무 높다.

015

상품
원자재

상품은 원자재 또는 경질자산으로 불린다. 경제가 호황일 때 상품은 데이 트레이더들의 꿈이 된다. 2008년 말 금융위기 전만큼은 아니지만 여러 이유로 트레이더들은 여전히 상품을 선호한다.

이해하기 쉬운 움직임

상품은 가격 변동의 이유를 이해하기 쉽기 때문에 선호된다. 상품 가격은 기본적으로 전 세계 경제와 연동된다. 세계 경제가 호황이면 상품 가격이 상승한다. 이러한 상승 추세는 며칠 동안 계속될 수도 있고, 여러 계절이나 여러 해에 걸쳐 나타날 수도 있다. 상품은 가격이 크게 움직이는 특성도 있다. 다음 표는 상품과 이용 가능한 최소 계약 규모, 상장된 거래소, 트레이딩 시간을 나열한 목록이다.

거래 가능한 상품의 종류			
상품	계약 크기	거래소	시간
옥수수	5,000부셸	CBOT	오전 9시 30분~오후 1시 15분(중부시간)
귀리	5,000부셸	CBOT	오전 9시 30분~오후 1시 15분(중부시간)
콩	5,000부셸	CBOT	오전 9시 30분~오후 1시 15분(중부시간)
구리	25,000파운드	CMX	오전 8시 10분~오후 1시(동부시간)
백금	50트로이 온스	NYMEX	오전 8시 20분~오후 1시 05분(동부시간)
은	5,000트로이온스	CMX	오전 8시 25분~오후 1시 25분(동부시간)
저유황 경질유	1,000배럴	NYMEX	오전 10시~오후 2시 30분(동부시간)
난방유 (2번 연료유)	42,000갤런	NYMEX	오전 10시~오후 2시 30분(동부시간)
가솔린	42,000갤런	NYMEX	오전 10시 05분~오후 2시 30분(동부시간)
천연가스	10억 BTU	NYMEX	오전 10시~오후 2시 30분(동부시간)

상품 및 세계 경제

상품들은 금과 마찬가지로 인플레이션 거래를 할 수 있지만, 전 세계 경제의 생산량과 더 직접 연관된다. 상품은 인플레이션일 때만 상승하는 것이 아니라 전 세계가 건설, 확장, 제조, 성장 등의 생산적인 상태에서 상승한다. 재화와 원자재가 공산품의 구성 요소이기 때문이다. 자동차를 만들려면 강철이 필요하고, 건물과 도로를 건설하려면 콘크리트가 필요하다. 집과 건물을 전선으로 연결하려면 구리가 필요하다. 중국이나 인도처럼 빠르게 성장하는 나라들의 경제가 빠르게 팽창할 때 원자재에 대한 수요가 많아진다. 그래서 상품은 호황기에서 단방향 추세를 가질 수 있다. 유가나 구리의 가격은 매일 오르락내리락하겠지만 전반적인 순추세는 몇 년에 걸쳐서 상승한다는 뜻이다. 이런 추세 덕분에 트레이딩에서의 추측이 약간은 쉬워진다. 순수한 장기 추세를 생각하면(즉 단기 포지션이 아닌 장기 포지션을 생각하면) 조금씩 상승하는 경질자산의 추세를 잡을 수 있다.

경질자산은 주식시장과 무관할 수 있다

경질자산은 주식시장과 상대적으로 무관할 수 있다. 원유, 옥수수, 구리 같은 상품들이 하루하루 주식시장의 등락과 다르게 움직일 수 있다는 의미이다. 그래서 주식시장이 횡보하거나 변동이 없을 때, 상품시장은 훌륭한 대안이 된다.

무엇이 상품 가격에 영향을 미치는가?

상품은 계절에 따라 크게 달라질 수 있다. 여름철에는 휘발유가 비싸지고 겨울철에는 천연가스와 난방유가 비싸진다. 곡물과 원유 같은 상품은 예측할 수 없는 이상기후, 자연재해, 인위적인 재해, 지정학적 우려 때문에 수익의 기회가 생긴다. 예를 들어 미국 중서부에 폭우가 쏟아지거나 가뭄이 들면 소, 돼지, 곡물의 가격이 영향을 받는다. 플로리다에 이례적인 한파가 휩쓸고 가면 오렌지 주스의 가격이 오른다.

급작스러운 가격 변동은 데이 트레이더가 수익을 낼 수 있는 기회이다. 상품, ETF를 비롯해 투자상품의 가격이 움직일 때는 언제든지 단기간에 돈을 벌 수 있다. 2010년 5월의 어느 거래일에 주식시장은 몇 시간 만에 9% 폭락했다. 하지만 장이 끝나기 전에 하락 폭을 대부분 만회했고, 다음 주 월요일 S&P 지수는 4% 추가 상승하는 데 성공했다! 하락의 하단에 진입해 장이 끝날 때 시장에서 빠져나왔다면 그야말로 큰 수익을 경험했을 것이다. 반면 어떤 트레이더들은 하락 포지션을 만회하느라 진땀을 흘렸고, 어떤 트레이더들은 쇼핑을 하거나, 여행을 하거나, 또는 다른 방법으로 휴식을 취하면서 수익 기회를 스스로 걷어차고 말았다.

상품에 관한 또 다른 정보

상품 데이 트레이딩을 위해 고려해야 할 또 하나의 정보는 ETF로 상품을 트레이딩할 수 있지만, 대부분의 데이 트레이딩이 선물시장에서 이루어진다는 사실이다. 상품 선물 트레이딩을 위해서는 트레이딩 계좌에 최소 금액을 가지고 있어야 하고, 상당한 레버리지를 사용하며, 아침부터 오후까지 트레이딩해야 한다. 만약 소액으로 트레이딩을 시작했거나 직업을 가진 채 트레이딩 기술을 쌓고 있다면, 일단 전업 트레이더로 전환한 이후에 상품 트레이딩을 고려하는 것이 좋다.

처음 시작하는 이들을 위한 최소한의 데이 트레이딩 이해하기

016

선물
최고의 종이 자산

선물을 트레이딩한다는 것은 매입자가 상품을 미래의 정해진 날짜까지 정해진 가격으로 매수 또는 매도할 수 있는 고정된 크기의 계약을 트레이딩하고 있다는 뜻이다. 선물은 계약당 단위의 수와 결제일을 명시하는데, 둘 다 거래소에서 설정되며 수정할 수 없다. 그래서 각 유형의 상품이나 주식 선물에 대한 각 계약이 동일한 양으로 설정된다. 다만 일반 계약과 미니 계약이 있다. 예를 들어 표준 WTI 원유 계약은 항상 원유 1,000배럴에 대한 계약이고, 미니 WTI 원유 계약은 항상 원유 500배럴에 대한 계약이다. 밀, 옥수수, 금, 은 등의 계약도 마찬가지이다. 크기는 이미 정해져 있으며 변경할 수 없다.

모든 동일한 계약은 균일하게 상호 교환할 수 있다. 각 선물 계약에는 매수자와 매도자가 있다. 트레이딩에 관련된 당사자 중 한 명은 헤저이고, 한 명은 투기자이다. 헤저는 상품의 미래 가격이 오르내릴 위험을 상쇄하기 위해 계약을 체결한다. 투기자는 순수 트레이더로 옥수수나 비행기 연료의 위험을 헤지하기 위해서가 아니라 금전적인 이익을 위해서 트레이딩한다. 헤저 또는 투기자는 매수자와 매도자가 되며, 트레이딩의 목적에 따라서 헤저와 투기자가 결정된다.

선물 트레이딩의 예

예를 들어 어떤 항공사의 관리자가 제트 연료의 가격이 앞으로 6개월 안에 크게 오를 것 같다고 생각한다. 연료 가격이 인상되면 회사는 이윤을 남기기 어려워진다. 관리자는 항공기 제트 연료 가격을 고정하기 위해서 6개월 후에 정해진 가격으로 원유를 구매할 수 있는 선물을 매입한다. 고정된 선물 가격은 연료비를 지불하고도 인정할 정도의 이익을 남길 수 있는 가격이다. 항공사의 관리자는 선물 계약을 통해 미래의 위험과 이익을 관리하고 있으며, 연료 가격에 대한 위험을 회피하는 것이다.

반면 반대편의 선물 계약은 투기자가 매수한다. 투기자는 원유나 제트 연료가 필요하지 않다. 다만 6개월 후에 원유 가격이 선물 계약의 가격보다 낮을 것이라고 생각한다. 투기자는 수익을 낼 수 있는 기회를 포착하고 항공사 관리자가 매입하는 선물 계약을 매도한다. 선물 계약의 체결된 가격보다 실제 상품 가격이 낮으면 선물 계약으로 돈을 벌 수 있다. 예를 들어 11월에 배럴당 70달러에 인도될 원유 선물 1계약을 7월에 매입했다. 원유의 실제 가격이 배럴당 70달러 이상이 된다면, 선물 계약의 가치는 가격에 맞게 움직이게 된다. 만약 선물 계약이 만료될 때 원유 가격이 배럴당 90달러가 되었고, 당신이 배럴당 70달러의 원유를 1,000배럴 가지고 있다면, 선물 계약을 매도해 배럴당 20달러의 이익을 남길 수 있다. 즉 20달러×1,000배럴로 총 2만 달러의 수익을 얻게 된다. 선물 계약은 매일 대량으로 매입하고 매도되기 때문에 데이 트레이딩에 맞는 유동적이면서 수익성이 좋은 시장을 만든다.

다양한 상품

선물 상품은 미국 재무부 단기 국채 선물, 외환 선물, S&P 500 선물 등의 금융상품까지 다양하다. 계약의 규모와 인도일이 정해진 상태로 1년 내내 전 세계적으로 거래된다. 선물시장은 많은 기관투자자와 기업이 참여하는 두텁고 국제적인 시장이다. 스위스의 식품회사는 미국 달러 선물 거래를 체결하고 밀 선물을 구매함으로써 이를 상쇄할 수 있다. 이 방법으로 미국 달러 대비 스위스 프랑화의 환율을 고정하고 미국 달러로 밀을 구입해 코스타리카에 있는 공장으로 밀을 배송한다.

제로 기반 선물 데이 트레이딩

마진을 늘려서 선물을 트레이딩하면 트레이딩의 이익을 크게 늘릴 수 있다. 선물 계좌는 0이 기준이 되며, 트레이딩을 통해 얻은 수익과 손실은 당일 거래일의 마감에 산정된다. 즉, 당신의 계좌에서 난 손실은 차감되어 상대편의 수익이 난 계좌로 입금되며, 당신의 수익은 상대편 손실 계좌에서 차감되어 당신의 계좌에 입금된다. 다음 날 이런 결과가 당신 계좌의 구매력을 늘리거나 줄인다. 시장에 추세가 형성되면 트레이딩으로 수익을 기록했을 때, 더 많은 계약을 매입할 수 있게 된다. 이러한 제로 기반 계좌의 설정은 높은 마진과 함께 높은 수익률의 트레이딩으로 이어질 수 있다. 선물 데이 트레이딩은 상당한 레버리지를 사용하면서 빠르게 움직이는 기술 중심의 헤지펀드가 매우 높은 수익을 얻기 위해 사용하는 방법이다.

　데이 트레이딩 선물은 최소 계정 규모가 크고, 계약 규모가 크다는 단점이 있다. 금융 선물 계약 중에는 1계약당 100만 달러에 달할 수도 있는데, 이는 노련한 데이 트레이더에게도 부담스러운 장벽이다. 게다가 선물시장은 보통 아침에 열리고 이른 오후에는 마감한다. 정규직 근로자라면 이 때문에 선물을 매매하기가 쉽지 않을 수 있다.

017

트레이딩 시작하기
정보와 뉴스

트레이딩 아이디어를 얻을 수 있는 곳은 많다. 하지만 믿을 수 있는 출처와 시장의 이야기에 집중해야 한다. 신뢰할 수 있는 출처는 시장이 앞으로 흘러갈 방향에 힌트를 제공할 수 있다. 시장에 떠도는 이야기도 유용한 정보가 된다. 하지만 반드시 세심한 분석을 거쳐야 한다.

신뢰할 수 있는 출처

신뢰할 수 있는 출처는 주로 중개업체가 발행하는 장기 보고서와 시장의 요약이다. 시장 보고서와 요약은 시장에 대한 논리적 관점을 제공한다. 이런 보고서는 수학, 이전의 시장, 시장의 펀더멘털, 기술 지표를 기반으로 한다. 보고서가 길기 때문에 트레이딩을 하지 않는 시간에 꼼꼼히 읽어야 한다. 내용을 공부하고, 애널리스트가 말하려는 주제를 파악해야 한다. 예를 들어 보고서에 "향후 몇 주 동안 시장에서 더 신중한 입장을 취해야 한다"라고 주장할지도 모른다. 어쩌면 S&P 500이 과매수 상태라고 말할 수도 있다. 즉 펀더멘털과 비교했을 때 주가의 평균 PER(주가수익비율)이 높다는 뜻인데, 기업이 벌어들일 것으로 예측되는 수익에 비해 주가가 너무 높다는 것이다. 어쩌면 보고서는 S&P 500 지수가 일주일 동안 주요한 저항선을 넘지 못해서 중요한 이정표에 도달하지 못했다고 주장할 수도 있다. 이 경우는 S&P 500 지수가 정점에 가깝고 한동안은 움직이지 않을 것이라는 뜻이다. 이때는 지수가 한동안 정체되거나, 더 안 좋을 경우 조정을 겪을 수도 있다(조정이란 시장이 과평가되었고, 현실적인 수준까지 매도세를 기록하는 것이다).

정보를 종합해보면 앞으로 한 달 동안은 시장이 하락할 것이고, 이

좋은 기업 찾기

중개업체는 개인 데이 트레이더나 기관 데이 트레이더 모두를 위해 서비스를 제공한다. 개인 데이 트레이더를 고려하는 중개업체들은 펀더멘털과 기술적인 측면 모두에서 더 많은 설명을 제공한다. 이런 자료는 기관 데이 트레이더들을 위한 보고서보다 교육적인 면이 더 많이 포함되어 있다. 중개업체의 편향을 판단하기 위해서 이들이 발행하는 보고서를 살펴보기를 바란다.

기회를 활용하려면 시장에서 쇼트 포지션을 구축해야 한다.

시장의 이야기

그다음으로 아이디어를 찾을 수 있는 곳은 시장의 이야기라고 할 수 있는 단기 뉴스 보도이다. CNBCCNBC.com, 마켓워치MarketWatch.com, 블룸버그Bloomberg.com 등의 인터넷 주식 뉴스나 CNBC나 블룸버그 같은 TV 뉴스의 대부분을 차지하는 단기 뉴스 보도가 여기에 속한다. 단기 뉴스 보도는 시장을 이기기 위해서 사용할 수 있다. 다른 트레이더도 같은 보고서와 차트를 읽으며, 시장은 군중심리를 따른다는 사실을 잊지 말자. 당신의 지식과 장기 보고서를 기반으로 상품의 과매도, 과매수, 중립 지점을 판단해야 한다.

다수의 데이 트레이더가 어떤 생각을 하는지 알아보려면 매매 포인트를 제공하는 유선 보고서를 활용하는 것이 가장 좋다. 다시 말하지만, 정보의 신뢰성과 정확성이 중요하다. 종합 증권사가 제공하거나 트레이딩 계좌의 서비스로 제공되는 정보 같은 신뢰할 수 있는 출처만 사용한다. 많은 데이 트레이더가 같은 매입과 매도 지점을 생각하고 있을 가능성이 크다. 사람들은 모두 같은 차트와 단기 뉴스 보도를 읽기 때문이다. 따라서 보고서의 지침을 맹신하여 트레이딩을 설정해서는 안 된다. 다만, 정보를 수집하고 다른 시장 참여자의 생각을 이해하는 도구로 사용해야 한다. 건설사가 콘크리트를 잘못 섞었는데, 언제 주차장에 콘크리트를 부을 것이냐고 묻겠는가? 당신의 주차장에도 같은 콘크리트 혼합물이 부어지기를 바라는가? 주차장을 만드는 방법에 관한 정보를 선별해야 하지 않을까? 경제, 주식시장, 원유, 금, 금리, 통화에 관한 정보를 생각할 때도 마찬가지이다. 사람들은 돈에 대해 말하기 좋아한다. 얼마나 가지고 있고, 얼마나 돈이 없으며, 돈 때문에 얼마나 힘든지, 시장에서 얼마나 돈을 잃었는지에 대해 말하곤 한다. 하지만 모든 의견이 다 중요한 것은 아니고, 따라서 모든 의견을 중요하게 생각해서는 안 된다.

시장의 해설자들

뉴스와 인터넷 피드는 본질적으로 거래일의 시간을 채울 수 있는 스토리가 있어야 한다. 속도가 정말 느리고 사건이 없는 거래일에도 뉴스 방송국과 인터넷 사이트들은 뉴스를 과도하게 보고해 실제보다 더 중요한 이슈처럼 보이게 만들 것이다. 시장에 대한 시각을 잃어서는 안 된다.

선과 악: '뉴스가 시장을 지배하는 날'과 시장

데이 트레이딩에서 가장 중요한 목표는 돈을 잃지 않는 것이고, 두 번째 목표는 돈을 버는 것이다. 그래서 현금 포지션이 가장 안전하며, 돈을 벌 수 있다는 합리적인 기대가 있을 때에만 트레이딩을 시작한다는 마음가짐으로 거래일과 트레이딩을 살펴야 한다. 돈을 지키기 위해 리스크를 관리해야 하며, 트레이딩으로 돈을 벌 수 있는 가능성에 비해 리스크를 측정할 수 있어야 한다.

시장이 앞으로 어느 정도 예측할 수 있는 방식으로 반응하고 움직일 것이라는 사실을 이해하고 트레이딩을 시작해야 한다. 예를 들어 S&P 500 지수가 2~3일 동안 같은 방향으로 움직이다가 반대로 역행하는 추세를 보이고 있다. 만약 S&P 500 지수가 3일 연속 크게 상승했다면, 일부 민감한 트레이딩 참여자들은 가지고 있는 주식 일부를 매도하고 수익을 실현할 준비를 할 것이다. 또한 장중에 지수가 상승하고, 금요일에 급등했다면, 트레이더들은 주말 동안 상승의 기분을 만끽하고, 월요일에 수익을 실현하는 시장의 추세가 확인되었을 수도 있다. 그러면 당신은 시장에서 쇼트 포지션을 구축하거나, 베어 S&P ETF를 매입하거나, 위험 회피 통화로 포지션을 구축할 수도 있다.

트레이딩의 최우선 목표가 수익을 남기는 것이라면 모든 트레이딩 상황에서 위험을 감수해야 한다. 트레이딩을 하루도 쉴 수 없고, 리스크를 회피하다가 수익을 거두지 못하는 것도 용납되지 않을 것이다.

경제 뉴스가 발표되는 날

경제 보고서가 발표되기 전에 비밀에 부쳐진다. 증권사, 텔레비전 뉴스 해설, 인터넷 포럼에는 이번 소식이 어떤 것일지에 대한 예측과 설명을 내놓는다. 경제 보고서가 발표되었는데 시장의 예측과 다를 때는 시장이 반응한다. 시장은 얼마나 예측이 정확했는지에 따라서 오르고 내린다. 반대로, 경제 보고서가 시장의 예측과 부합했다면 시장에는 이미 가격이 반영되어 있을 것이다. 트레이딩과 포지션에 긍정적 또는 부정적 뉴스가 가치로 반영되어 있을 것이다. 이때에도 이미 수치가 알려져 있어서 지나간 사건에 대한 차익실현이 이루어지며 시장에 매도세가 형성된다.

시장이 다양한 긍정적이거나 부정적인 뉴스에 반응하고 있고 전 세계 트레이더들이 좋은 소식과 나쁜 소식에 대해 리스크를 감수하거나 리스크를 회피할 때는 뉴스가 미국 뉴스이건, 유럽이건, 아시아의 것이든 까다롭다. 그래서 결과를 합리적으로 명확하게 예측하기 어렵다. 가장 중요한 목적이 돈을 지키는 것이라면, 이런 뉴스가 시장을 지배하는 날에는 트레이딩을 피해야 한다. 시장은 언제나 존재한다. 뉴스가 발표되고 난 다음에 트레이딩을 해도 늦지 않다. 특히 뉴스 보도와 직접 관련된 포지션이라면, 발표가 있을 때까지 포지션을 구축하지 않는 것이 최선이다.

트레이딩 아이디어에 대한 조언

필요할 때 도움을 얻기

필요할 때 도움을 얻을 방법이 있다. 복합 중개업체들은 보통 수익을 위한 투자 종목을 조언하지 않지만, 직접 설정하기 어려운 트레이딩 설정 방법에 대해 조언을 제공한다.

트레이딩의 조언이 필요할 때

예를 들어 당신은 앞으로 며칠 동안 '위험 회피' 경향의 트레이딩을 하려고 한다. 예를 들어 S&P에 쇼트 포지션을, 금에 대해서 롱 포지션을, 엔화에 대해서 롱 포지션을 구축하려고 한다. 왜일까? 시장이 위험을 회피하면 주식시장이 하락하기 때문이다. 시장이 하락하면 쇼트 포지션으로 수익이 발생할 것이다. 게다가 시장이 위험을 회피하면 전 세계 트레이더와 투자자들은 주식이나 고금리 상품, 고금리 통화와 같은 위험 자산을 매도하고, 그 돈을 '안전자산'에 넣을 것이다. 안전 자산은 선진국 통화, 그중에서도 특히 일본 엔화, 미국 달러, 스위스 프랑화와 금이다.

계좌의 변화가 너무 크지 않도록 하기 위해서 트레이딩 포트폴리오의 리스크 회피 포지션을 헤지할 수 있다. 할인 중개업체를 종합 증권사로 전환하면 도움이 된다. 중개인은 시장이 위험을 감수하기 시작할 때 가치를 높일 수 있는 소규모 포지션의 조합을 제안할 수 있다. 스위스 프랑화는 리스크가 덜한 것으로 판단될 때(위험에 대한 선호도가 낮을 때 상승) 중개인은 스위스 프랑화에 대해 쇼트 포지션을 구축하고, 갑작스러운 하락으로 인한 손실을 예방하기 위해서 손절매 주문을 설정하도록 제안할 수 있다. 시장이 하락하면 이 포지션으로 돈을 벌 수 있을 것이고, 두 가지 순포지션은 시장이 당신의 포지션과 반대로 움직일 때 영향을 줄여줄 수 있다.

더 많은 트레이딩 아이디어

트레이딩 전에 시장의 상황에 대한 아이디어를 얻기 위해서 아침에 「월스트리트저널」을 읽으면 도움이 될 수 있다. 트레이딩하지 않는 시간에 월간 온라인 잡지를 읽는 것도 좋다. 공원에서 가족과 시간을 보낼 때 「액티브 트레이더 매거진Active Trader Magazine」을 읽으면서 차트를 보는 기술을 다듬을 수도 있다. 「불레틴 위드 USB The Bulletin with UBS」(https://monocle.com/radio/shows/the-bulletin-with-ubs/), 「익스체인지 앳 골드만삭스Exchanges at Goldman Sachs」(www.goldmansachs.com/our-thinking/potcast), WBBM(780 AM)의 「눈 비즈니스 아워Noon Business Hour」(http://chicago.cbslocal.com/show/noon-business-hour)와 같은 잡지의 라이브 방송이나 방송 뉴스 매거진, 팟캐스트도 도움이 된다. 다운로드할 수 있는 온라인 「머니토크Moneytalk」(http://tunein.com/radio/Moneytalk-p20477/)는 시장과 경제 문제만을 다루는 종합 온라인 잡지이다. 시장과 경제 문제에 관한 아이디어나 데이 트레이더와 직접적으로 관련된 지식을 놀라울 정도로 많이 얻을 수 있다.

시장에 대해 생각하기

시장과 데이 트레이딩을 공부하다 보면 시장을 읽고, 차트를 읽고, 트레이딩을 하고, 지식을 바탕으로 수익을 얻는 데 익숙해지는 수준에 이르게 될 것이다. 어느 순간 '지난주 S&P 500이 갑자기 올랐던(혹은 떨어졌던) 이유가 뭐지?'라는 궁금증이 생길 때가 있을 것이다. 어쩌면 'S&P ETF로 돈을 많이 벌었는데 어떻게 돈을 번 것일까? 내가 잘한 것일까? 아니면 운이 좋았던 것일까?' 하는 생각을 하게 될 수도 있다. '정말 순전히 운 때문이라면 트레이딩을 중단하고 어떻게 시장과 추세를 같이 보게 된 것인지 더 공부해야 하지 않을까?'라고 생각할 수도 있다. 트레이딩하면서 정말 많은 돈을 벌었다고 생각할 수도 있다. 왜 그럴까? 내가 옳았을까? 원유를 트레이딩한다면 허리케인 시즌이 시작되는 가을에 시장이 어떻게 될지를 생각하게 될 것이다. '이번 여름은 정말 시원했는데, 그러면 겨울은 다른 때보다 추울까? 그렇게 되면 난방유와 천연가스 선물 가격은 어떻게 될까? 다른 트레이더들도 같은 생각일까? 중개인은 어떻게 생각할까?'라는 생각을 하게 될 수도 있다.

외환을 데이 트레이딩하고 있다면 유럽 중앙은행이 노르웨이 중앙은행보다 금리 인상이 뒤처졌다고 생각할 수도 있다. 이런 생각이 들면 스스로에게 질문하게 될 것이다. '유럽 중앙은행이 곧 금리를 인상할까? 이번 달에 유럽 중앙은행이 금리 정책을 발표한 다음에는 EUR/NOK에 롱 포지션이 유리해지지 않을까?' 어쩌면 새로운 SUV를 사려고 하는데 볼보 S90 새 모델의 가격이 너무 비싸다고 생각한다면 '왜 비싸게 느껴지는 것일까? 미국 달러 대비 스웨덴 크로나에 대해 롱 포지션을 잡아야 할까?'라는 생각이 들지도 모른다.

마음에 드는 대상을 데이 트레이딩할 때는 많은 공부가 필요하다. 공부하다 보면 자연스럽게 시장, 계좌, 데이 트레이딩으로 수익을 남기는 주제에 집중하게 된다. 좋아하는 주제라면 트레이딩 가격의 매수 포인트와 매도 포인트를 잡기가 더 쉬워진다. 유럽, 런던, 싱가포르를 여행한다면 이들 화폐가 포함된 통화쌍을 거래하게 되기 때문에 화폐의 가치를 연관지어 생각하는 게 더 쉬워질 것이다. 금에 투자하기를 즐긴다면 금 1온스의 가격을 늘 알고 있을 것이다(실제 금 투자를 정말 즐기는 사람들이 있다). 이처럼 당장 트레이딩을 하고 있지 않은 상황에서도 트레이딩을 연관지어 생각하기 쉬워진다. 언제나 트레이딩 계좌를 염두고 두고 있어야 한다. 이것이 데이 트레이딩의 전문가가 되는 방법이다.

계절별 트레이딩
1년 동안의 트레이딩

일단 시장을 공부하고 트레이딩을 시작하면, 1년 중 어떤 기간에 특히 거래량과 변동성이 큰 업종을 알게 될 것이다. 거래량과 변동성은 데이 트레이딩에 좋은 환경이다. 특정 계절 동안 일부 업종 전체가 같은 방향으로 이동하는 것, 즉 특정 계절 동안에 업종의 평균적인 추세를 깨닫게 될 것이다.

가을과 겨울: 금과 상품 통화

가을이 되면 트레이딩의 거래량이 늘고, 트레이더도 늘어난다. 수익을 올리는 경우도 많다. 이런 현상은 더욱 강해져서 최고조에 달했다가

5월이 되면 잦아든다. 사실 전문 트레이더들은 여름 동안 휴식을 취하고 전혀 트레이딩을 하지 않는다.

가을부터 봄까지는 일반적으로 금 ETF나 금 선물을 통해 금에 대한 롱 포지션을 구축하기 시작할 좋은 시기이다. 금이 물리적으로 가을에 많이 팔리기 시작하여 봄이 되면 판매가 줄어들기 때문이다. 호주 달러, 캐나다 달러, 뉴질랜드 달러와 같은 통화를 이용하여 금에 대한 롱 포지션을 강화할 수도 있다. 이 통화들은 상품을 생산하는 경제의 통화이기 때문에 상품 통화라고 불린다. 예를 들어 호주와 캐나다는 금 생산국이고, 뉴질랜드는 아시아 소프트 원자재의 주요 생산국이다. 하지만 통화는 대부분 계절적 추세를 따르지 않기 때문에 계절에 따라 통화에 적용되는 것은 아니다.

저금리의 통화, 고금리의 통화

스위스 프랑화와 일본 엔화 같은 낮은 금리의 통화는 평가절하 가능성이 작아 안전한 것으로 여겨진다. 반면, 뉴질랜드 달러와 호주 달러 같은 고금리 통화는 더 높은 위험 프리미엄을 부과한다.

가을, 겨울, 봄: 주식에 민감한 외환과 S&P

여름휴가가 끝나면 주식시장의 수익률은 높아지고 10월이 되면 거래량이 증가한다. 이 사실은 주식, S&P 500 선물, ETF 트레이딩에서 기회를 제공할 수 있다. 어떤 통화는 주식시장의 등락에 민감하게 반응한다. 만약 외환 거래에 관심이 있다면 미국 달러 대비 스웨덴 크로나USD/SEK에 쇼트 포지션을 구축할 수 있고, 호주 달러 대비 일본 엔AUD/JPY, 뉴질랜드 달러 대비 미국 달러NZD/USD에 롱 포지션을 구축할 수 있다. 시장이 하락하고 있고 시장에서 위험이 회피될 때는 일본 엔화나 스위스 프랑화의 롱 포지션이 수익이 된다. 트레이더들은 수익률이 낮은 저금리 통화에 몰리기 때문이다. 일본 엔화와 스위스 프랑화의 금리는 늘 낮았으며, 최근에는 역사상 최저 금리는 아니더라도 상당히 낮은 수준이다.

가을과 봄: 에너지

가을과 봄 시즌에는 특정한 에너지 시장이 활기를 띤다. 추운 겨울이 시작되는 달이 끼어 있는 가을에는 집과 사무실 난방을 해야 하기 때문에 에너지가 좋은 트레이딩 기회가 될 수 있다. 천연가스 선물, 난방유 선물, 에너지 회사 주식은 주시하고 있으면 수익 기회가 생기는 부문이다. 봄과 여름에는 자동차를 많이 사용하기 때문에 휘발유와 원유 선물, 석유회사 주식이 데이 트레이딩 기회가 된다.

시장의 과열을 이용할 때

시장은 주기적으로 하락할 때를 제외하면 천천히 전반적인 상승세를 유지한다. 그러다가 주식, 통화, 상품, 지수 등 시장이 갑자기 빠르게 상승할 때가 있다. 이런 상승기에는 전 세계 트레이더들이 모두 같은 편에서 트레이딩을 한다. 즉 모두가 매수하려 하고, 덕분에 시장의 가격은 더욱 높아진다. 이런 시장은 추진력이 강하고 하나의 방향으로 끝없이 움직이는 폭주열차와 비슷하다.

주식, 업종, 지수가 이렇게 움직일 때를 알고 있다면 두 가지 선택이 있다. 하나는 움직이는 길에서 비켜나는 것이다. 시장은 계속 전진하고, 거품이 만들어질 때까지 멈추지 않을 것이다. 하지만 결국에는 거품이 터지면서 시장은 다시 추진력을 얻기 전의 수준으로 복귀한다. 시장에서 물러나는 것은 방어적인 방법이며, 시장에 문제가 발생할 때 휘말리지 않기 위한 매우 안전한 방법이다. 시장, 업종, 주식이 오랫동안 팽창만 할 수는 없기 때문에 성장의 막바지에 다다르면 모든 사람이 동시에 시장에서 빠져나가려고 한다. 그러면서 수요는 감소하고, 결국 가격은 붕괴한다.

또 다른 방법은 거품이 붕괴하기 전에 안전한 곳으로 진입하는 것이다. 즉 시장의 과열을 이용해야 한다. 하지만 과열된 시장에 진입하는 것보다 더 중요한 것은 과열된 시장에서 빠져나가는 것이다. 과열의 정점은 어떤 징후도 없이 갑자기 찾아오고, 신호를 알아채면 너무 늦어서 이미 시장은 붕괴하기 시작한 상태가 된다. 과열된 시장에서 최선의 트레이딩 방법은 단기 매매에 집중하고, 한 번의 트레이딩 세션 이상으로 거래하지 않는 것이다. 한 번의 트레이딩 세션 이상으로 거래하지 않는다는 것은 매일 트레이딩 포지션을 정리하고, 장기 트레이딩을 하지 않아야 하며, 포지션을 축적하지 않아야 한다는 뜻이다.

> **트레이딩 거품**
>
> 시장의 거품은 모든 시장, 업종, 주식, 모든 상품에서 발생할 수 있다. 17세기 네덜란드에서는 갑자기 튤립 열풍이 불었다. 튤립의 가격은 천정부지로 치솟다가 갑자기 거품이 꺼져버렸다. 엄청난 재산이 하루아침에 사라졌다. 2008~2009년에 미국에서는 주택 가격이 만든 거품의 붕괴를 경험했다.

시장의 과열은 거의 매일, 몇 달 또는 심지어 몇 년 동안 빠르게 하나의 방향으로 움직이기 때문에 수익이 적지 않다. 하지만 시장이 붕괴하기 시작할 때 마지막까지 시장에 남아 있는 사람이 되고 싶지 않다면 시장에 진입했다가 잘 빠져나가야 한다. 과열된 시장이 조정받기 시작하면 한동안 시장과 거리를 두어야 한다. 시장의 가격이 하락할 때 잘할 수 있다는 생각으로 보통의 시장에서처럼 단기 하락을 잡으려고 생각해서는 안 된다. 과열 후 급락 중인 시장은 너무나 들쭉날쭉하여 방향을 잡고 예측하기 매우 어렵다. 시장이 급락하다가 예측할 수 없이 상승하기도 한다. 또 이런 시장은 급변하기 때문에 바닥이 어디인지 확인하기 어렵다. 가끔은 완전히 정체되어 횡보하기도 한다. 시장의 조정은 피해야 한다! 이럴 때는 모의 계좌로 트레이딩을 훈련하는 것이 좋다.

붕괴하는 시장에서는 가격이 단기 저점을 형성하는 것이 아니라, 계속 저점이 낮아진다. 이런 업종에서는 한동안 데이 트레이딩과 포지션 구축을 금지해야 한다. 이런 업종에서는 가격 상승으로 돈을 번 사람들이 많기 때문에 거품이 꺼졌을 때 손실을 본 사람도 많다. 이 사람들은 고통을 잊지 않고 한동안 증권을 매입하려고 하지 않는다. 또 상당수는 다시는 시장에 돌아오려고 하지 않는다. 하지만 어딘가에 과열되지 않은 업종, 증권, 트레이딩 상품은 존재한다.

관점을 잃지 않는 방법
단기적인 관점과 장기적인 관점

데이 트레이딩을 할 때 단기적이고 장기적인 관점을 유지하는 방법을 배워야 한다. 주문하고, 당일의 수익을 위한 정보를 얻기 위해 데이 트레이딩 소프트웨어를 사용하는 방법도 배워야 한다. 마지막으로, 연습 계좌를 사용하면 도움이 된다. 연습 계좌로 훈련하면 주문 기술도 늘고, 새로운 트레이딩 전략과 아이디어를 시험해볼 수 있다.

단기적인 관점, 장기적인 관점

분석적 관점은 단기와 장기의 두 가지 시간 단위로 유지해야 한다. 단기적인 관점은 매우 짧아야 한다. 짧은 시간 동안 하루의 시장 상황과 뉴스를 평가하고, 설정하고, 트레이딩을 마쳐야 한다. 단기적인 관점은 트레이딩을 끝내고, 검토될 때까지 유지되어야 한다. 트레이딩을 평가할 때는 다음의 사항을 분석해야 한다.

- 현금 및 마진의 금액
- 초기 및 업종 포지션 3분의 1 크기
- 진입 가격
- 트레이딩의 전반적인 위험 수준

15초, 30초, 1분 차트는 단기적인 관점을 가지는 데 도움이 된다. 5초 차트는 시장의 등락을 보여주지만, 전체 시장에 대한 관점을 가지기에는 짧다. 모든 투자 플랫폼에서 데이 트레이더들이 활동하기 때문에 모든 트레이딩 플랫폼이 이런 차트를 제공한다. 모든 중개업체가 상호적이고, 직관적인 차트를 제공한다.

시장의 펀더멘털 조건에 대한 전반적인 시각과 함께 트레이딩을 시작해 수익을 얻고 트레이딩을 종료할 때까지 아이디어를 고수하겠다는 생각으로 트레이딩해야 한다. 단기 트레이딩은 몇 분에서 몇 시간이 소요된다. 거래일 동안 다양한 포지션을 매수, 매도, 보유하면서 여러 가지 단기적인 관점을 갖는다. 트레이딩을 하는 동안 트레이딩은 살아 숨 쉬고, 끝이 날 때까지 리스크는 사라지지 않는다. 각 트레이딩에 대해 단기적인 관점을 유지한다면, 처음 시장을 평가할 때 도움이 되었던 장기적인 관점과 별개로 각 트레이딩의 장점을 평가할 수 있다. 장기적인 관점을 지침으로 삼고, 단기적인 관점으로 각 트레이딩을 평가한다면 이들이 결합하여 만들어내는 효과는 데이 트레이딩의 수익성을 유지하는 데 상당한 도움이 될 것이다.

장기적인 관점은 일반적으로 3~6개월의 시간이며, 기술적 차트 분석뿐만 아니라 펀더멘털 분석에도 의존한다.

이 두 가지가 결합하여 특정 부문에 대한 전반적인 시장 및 트레이딩 조건에 대한 매우 설득력 있는 주장으로 이어질 수 있다. 예를 들어 중개업체에서 향후 6개월 동안 상품 트레이딩이 유리할 것으로 보이며, 특히 에너지 부분에서의 수익이 예상된다는 보고서를 발행했다. 그러면 당신은 이런 장기적인 관점을 염두에 두고, 각 에너지의 향후 전망, 에너지 재고, 에너지 ETF 트레이딩에 대한 가능성을 평가할 수 있게 된다. 에너지 관련 종목에 관한 지식을 얻고, 이들과 익숙해지도록 매일 시장 상황을 검토하면 도움이 될 것이다. 이런 방식으로 업종에 관한 지식을 얻고, 장기적인 관점의 도움을 받아 단기적인 관점으로 트레이딩의 가능성을 평가할 수 있다.

장기적인 관점에는 전반적인 세계 경제와 시장 상황에 대한 거시적인 사실도 포함된다. 거시적인 요소는 큰 그림이라고 할 수 있다. 장기적인 관점과 관련이 있는 요소로는 국가의 부채 수준, 통화가 가진 힘,

개발도상국의 역할 등이 있다. 이러한 요소를 배우는 데는 시간이 걸리며, 이들 요소는 빠르게 변화하지 않는다. 다시 말하지만 국가, 시장, 업종의 펀더멘털은 15분, 1시간, 1일 기술 차트와 함께 고려되어야 한다 (대체로 1일 차트는 과거 2~3년 동안의 가격 변동 내용을 표시할 수 있다).

기술 분석과 펀더멘털 분석

기술적 분석은 차트를 이용해 주식이나 트레이딩의 방향을 예측하는 것이다. 트레이더는 과거의 차트를 살펴보고, 미래에 종목 또는 트레이딩의 가격이 어떻게 될지에 대한 수학적인 추정과 차트를 결합한다. 그다음에는 이 정보를 사용하여 어디에서 트레이딩을 해야 할지를 추정한다. 펀더멘털 분석은 주식이나 트레이딩의 움직임을 예측하기 위해 기업의 재무적인 문서, 국가 성장률, 그 외의 사실을 활용하는 것을 말한다.

소프트웨어의 이야기

트레이딩 플랫폼은 기본 계좌 정보, 뉴스 보고서에 대한 접근 권한, 다양한 차트를 제공한다. 화면의 한쪽에서는 유입되는 뉴스 보도를 볼 수 있으며, 무엇보다 가격의 상승과 하락을 빨간색과 파란색으로 표시하여 현재의 가격을 보여준다.

개인 계좌 내역을 살펴보면 현금 잔액, 입금과 출금, 매일의 이자 비용(이자를 내야 하는 경우) 등이 표시된다. 당일에 트레이딩을 했다면 현재의 트레이딩 상태가 표시되고 매입 가격과 수익 구간이 표시된다. 트레이딩 포지션이 하나 이상으로 늘어나면, 트레이딩이 하나씩 종료될 때마다 트레이딩 상자가 닫히고, 완전히 포지션을 정리하면 모든 트레이딩 상자가 닫힌다. 이때 얻은 수익과 손실은 계좌의 잔액에 추가되어 다음 트레이딩을 위한 구매력이 된다. 계좌 소프트웨어를 사용할 때는 트레이딩 중인 포지션을 보면서 어떤 것이 돈을 벌고 있고, 어떤 것이 돈을 잃고 있는지를 확인할 수 있다.

차트를 사용하여 진행 중인 트레이딩을 추적하고, 트레이딩의 상승과 하락을 그래픽으로 확인할 수 있다. 또한 차트에서 진입 지점과 매도 지점을 찾고 표시할 수 있다. 조금씩 수익을 향해 움직이는 트레이딩 차트는 거래일에 시장이 어떻게 움직이고 있는지를 알려준다.

만약 헤지 포지션을 구축했고, 헤지가 제대로 작동하고 있으면, 트레이딩 소프트웨어는 당신의 전체 트레이딩 이익을 퍼센트와 금액으로 알려줄 것이다. 이때 클릭 한 번으로 모든 헤지 트레이딩을 종료하고 수익을 실현할 수 있다. 트레이딩이 끝나면 어떻게 트레이딩에 성공했고, 개선점은 무엇인지를 찾아야 하는데, 소프트웨어를 활용해 헤지 트레이딩의 질과 효율성을 검토할 수 있다.

연습 계좌의 중요성
가상의 돈으로 연습하기

연습 계좌나 모의 계좌를 개설할 수 있다면 도움이 된다. 이들 계좌는 실제 계좌와 똑같은 소프트웨어와 주문 입력 시스템을 사용한다. 연습 계좌나 모의 계좌는 장부에 포함되지 않는 가상의 돈을 사용하며 수익과 손실은 모두 기록된다. 그래서 다양한 레버리지의 비율을 사용하고, 주문 입력 기술을 훈련하고, 지금까지 경험하지 못한 다른 시장과 업종에서 트레이딩에 도전할 수 있는 기회를 제공한다. 뿐만 아니라 훈련을 통해 투자 기법을 개발하고 실제 돈을 잃을 위험 없이 시장의 등락에 따라 트레이딩을 경험하고 익숙해질 수 있다.

만약 중개인의 권고에 따라서 포지션을 구축한다면, 시간의 흐름에 따라서 계좌를 모니터링하여 중개인의 권고가 믿을 만한지 평가할 수도 있다. 자신이 가지고 있는 투자 감각을 점검하고, 활용해볼 수도 있다. 연습 계좌나 모의 계좌를 사용하면 아직 트레이딩이 부족하지 않은 지를 점검할 수 있기 때문이다. 예를 들어 시장이 특히 변동성이 심할 때나 시장의 방향이 불확실할 때, 데이 트레이딩의 리스크 정도가 너무 클 때는 트레이딩을 하기에 좋은 시기가 아니다.

연습 계좌나 모의 계좌로 트레이딩에 성공한다면, 실제 트레이딩에 확실히 도움이 된다. 특히 스스로 시장을 해석하여 트레이딩했거나, 의도한 대로 위험을 헤지했다면 확실한 훈련이 될 것이다. 이처럼 연습 계좌는 시장의 조건이 좋지 않을 때 기술을 사용해보고, 자신감을 얻고, 계좌를 지키는 데 큰 도움이 된다.

모의 계좌가 짧은 기간 동안만 제공되는지 확인하세요
중개업체가 계좌를 개설한 기간 내내 모의 계좌를 제공하는지 확인해야 한다. 어떤 중개업체는 한 달짜리 모의 계좌를 제공한다. 그래서 매달 새로운 모의 계좌를 개설해야 하는 불편함이 있다.

진짜 돈으로 트레이딩을 시작하기 전에 트레이딩 플랫폼의 주문 입력 시스템에 익숙해져야 한다. 주문에서 실수를 저지르지 않을까 걱정해서는 안 되기 때문이다. 쇼트 포지션을 구축하려고 했는데 롱 포지션을 구축한다거나, 가격을 잘못 기입하거나, 단위를 잘못 적거나, 손절

매 주문을 잘못 기입하는 등의 실수가 없어야 한다. 플랫폼 사용 방법을 연습하면 돈을 벌고 잃는 것과 관계없이 필요할 때 트레이딩을 종료할 수 있는 기술과 자신감을 얻을 것이다.

모의 계좌에서 트레이딩 플랫폼의 주문 입력과 종료를 여러 번 연습하면 좋다. 적은 돈으로 스캘핑(5~10분 동안의 짧은 시간 동안의 트레이딩)을 여러 번 연습하면 도움이 될 것이다. 트레이딩하기 전에 거래할 종목이나 통화쌍, 마진의 비율을 적어놓도록 한다. 그러면 트레이딩에 대해 고심할 시간이 생길 것이다. 시장을 보면서 롱 포지션을 잡을지, 쇼트 포지션을 잡을지를 결정할 수도 있다. 너무 빠르다고 걱정할 필요는 없다. 연습하면 속도는 빨라질 것이다.

트레이딩 사례

예를 들어 지난밤에 아시아와 유럽 시장이 꽤 상승했다. 이런 여세가 미국 시장에서도 이어질 것이라는 생각에 3배 S&P 500 ETF 100주를 매수하려고 한다. 미리 이번 트레이딩에서 5%의 수익을 예측했다. 종이에 계획을 작성한 다음 모의 계좌를 사용해서 트레이딩을 설정한다. 주문을 다시 한번 확인한 다음 실행한다.

데이 트레이딩을 하려면 빠르게 주문을 낼 수 있는 기술이 필요하다. 곧바로 주문 상자를 닫고, 트레이딩이 이익이 될 때까지 등락을 확인해야 한다. 시장이 천천히 움직일 때는 5%의 수익을 달성하는 데 시간이 걸리기 때문에 목표 수익률에 도달하기 전에 미리 수익을 실현한다. 모의 계좌로 훈련하는 목적은 트레이딩에 익숙해지는 것이다.

초보자를 위한 또 다른 조언

몇 분 만에 약간의 수익을 얻고 트레이딩을 종료하기를 반복하면서 기술과 자신감을 높일 수 있다. 핵심은 시장을 들락날락하면서 돈을 벌고, 긍정적인 경험을 쌓는 것이다. 한 번에 최소 단위의 주식이나 외환 계약 규모의 트레이딩 한 건에 집중한다. 한 번에 하나의 기술만 훈련한다. 최소 단위에 익숙해지면, 그다음은 수익률에 집중하도록 한다.

모의 계좌는 상당한 가상의 돈을 제공한다. 예를 들어 10만 달러나 25만 달러와 같은 어마어마한 돈을 제공하는데, 이 가상의 돈을 과도하게 사용하지 않도록 한다. 기대 수익률에 대한 잘못된 감각을 익힐 수 있기 때문이다. 가상의 돈을 과용하여 대규모 트레이딩에 익숙해지면 그보다 적은 실제 계좌로 트레이딩을 시작할 때 시시하게 느껴질 수 있다. 새로운 기술을 배울 때는 쉽게 피로해지기 때문에 몇 번 반복한 후 휴식하도록 한다. 또한 오랜 시간 소액 트레이딩을 하면 피로해져서 하루 만에 그만두고 싶을 수도 있는 것이 사람의 본성이다. 도움이 되지 않는 유혹을 이겨내야 한다. 트레이딩을 배우는 것은 새로운 언어를 배우는 것과 같다. 가끔 오랜 시간 공부하는 것보다 짧은 시간이라도 매일 공부하는 것이 효과적이다. 연습 계좌나 모의 계좌는 실제 돈으로 트레이딩하지 않으면서 새로운 전략과 아이디어를 시험해볼 수 있는 방법이다. 전략과 트레이딩 아이디어의 계획을 기록해보자. 예를 들어 다음의 정보를 추적하면 도움이 된다.

- 날짜, 시간, 월, 계절
- 전체 시장의 상황
- 미국, 유럽, 아시아 시장의 지수
- 원유 가격
- 금 가격

- 상품의 지수
- 메이저 통화쌍의 가격

전략을 기록하고, 정보의 출처도 적도록 한다. 예를 들어 "메릴린치에서는 NZD/USD에 대한 롱 포지션의 위험에 대한 손실을 69 미만으로 축적하라고 조언한다"라고 적는다. 오늘은 66이었고 시장이 사흘 동안 하락했으며, 아시아 시장은 간밤에 1.5%, 유럽 시장은 0.5% 상승했다고 기록한다. 당신은 미국 시장이 개장하면 같은 추세를 따를 것이라고 판단하고, NZD/USD에 대한 롱 포지션이 좋은 수익 기회라고 추정한다. 설정을 위한 모든 요소를 종이에 적은 다음, 모의 계좌로 트레이딩을 시작한다.

모의 계좌에서 지금 막 설정한 트레이딩은 다른 트레이딩과 별도이다. 그래서 각 트레이딩은 각자 당신의 계획을 독립적으로 테스트한다. 트레이딩마다 실행과 전략은 철저하게 전문적이면서도 냉철하게 실행해야 한다. 예를 들어 트레이딩이 잘못되더라도 생각대로 다시 수정되는지 철저하게 몇 번이고 확인하고, 수익이든 손실이든 트레이딩을 정리하도록 한다. 가격을 모니터링할 때는 시장의 상황이 트레이딩에 영향을 미쳤는지 기록한다. 예를 들어 "S&P 지수가 4일 연속 하락했다"라고 기록한다. 트레이딩을 수정하거나, 손절매 주문을 변경하거나 어떤 방식으로든 설정을 변경해서는 안 된다.

자신의 이론을 활용하여 트레이딩을 설정하는 지점을 포착하고, 마지막까지 트레이딩을 확인하여 자신감을 얻는 것이 이 과정의 목적이다. 자연재해나 인재, 갑작스러운 경제 보고와 같은 발표되지도 않았고 예상하기도 어려웠던 이벤트가 있을 때는 트레이딩을 취소하고 실험을 중단한다. 실험의 변수에 포함되지 않기 때문이다. 모의 계좌로 다양한 실험을 진행할 수 있다. 트레이딩의 성공에 대해 감정적으로 확신을 가질 때 긍정적인 효과가 있을 것이다. 계획하고, 관찰한 다음 냉철하면서도 평온하고 전문적으로 행동해야 한다. 그러면 많은 것을 배울 수 있다. 트레이딩을 기록하고, 실험이 끝난 다음에는 어떤 점이 개선되었는지, 시장의 조건은 어땠는지, 수익을 기록했는지를 기록한다.

종이에 적힌 가짜 수익, 진짜 감정

모의 계좌로 트레이딩을 하더라도 돈을 벌었거나 잃었을 때의 감정을 고스란히 느낄 수 있다. 모의 계정으로 트레이딩을 할 때 시장의 등락에 따른 경험, 주문을 기입할 때의 희열, 수익과 손실에 대한 감정을 느끼게 된다. 감정은 데이 트레이딩의 성공에 있어서 중요한 요소이다. 따라서 성공과 실패의 모든 감정을 느껴보는 것이 중요하다.

포지션을 설정하고, 현금과 마진을 관리하고, 리스크 프로그램을 관리하는 방법을 배우게 될 것이다. 모의 계좌를 이용해 제대로 훈련한다면 화나 나서 포지션을 정리하는 유혹을 이길 수 있게 된다. 탐욕에 눈이 멀지 않고 수익을 실현하고, 수익을 실현하기 위해서 자동으로 트레이딩을 종료하는 매도 프로그램인 무빙 스톱moving stop을 활용할 수 있고, 손실을 받아들여야 할 때를 배우게 된다.

무빙 스톱

무빙 스톱이란 트레이딩에서 수익이 발생했을 때 자동으로 매도하는 기능을 연동하는 것이다. 무빙 스톱을 사용하면 수익이 발생했을 때 바로 매도할 수 있다. 예를 들어 무빙 스톱 5달러를 설정했는데, 주식이 5달러 상승하면 곧바로 매도한다. 만약에 다시 주식이 떨어지기 시작하여 매입한 가격보다 하락하더라도 5달러의 수익을 이미 확보한 것이다. 트레이딩 소프트웨어가 자동으로 높은 가격에서 주식을 매도하여 수익을 보장해준다.

계속해서 수익을 기록하거나, 더욱 짜릿한 트레이딩을 위해서 리스크를 감수하면서 시장을 지배하고 트레이딩에 대해서 알게 되었다는 느낌을 고스란히 받는 것이 중요하다. 데이 트레이딩은 상당한 수익과 손실을 모두 경험할 수 있다. 돈을 잃고 "그때 이걸 했어야 하는데"라고 후회하려면 진짜 돈이 아닌 가상의 돈을 잃는 편이 백번 낫다.

모의 계좌로 훈련하면 할수록 트레이딩이 능숙해진다. 모의 계좌가 저렴한 비용으로 배우는 강습이라고 생각하자. 실제 계좌를 관리하는 것처럼 모의 계좌를 관리해야 한다. 즉 실제 트레이딩처럼 해야 한다. 모의 계좌 역시 당신의 계좌라는 생각으로 자부심을 가지고 시간을 들여 포지션을 설정하자. 모의 계좌는 당신의 트레이딩 기술을 늘릴 수 있는 방법이다.

CHAPTER 5

리스크
관리

매수하고 매도할 때마다 돈을 번다면 데이 트레이딩의 세계는 참으로 간단할 것이다. 하지만 현실에서는 트레이딩이 잘못될 수도 있고, 손실을 입을 수도 있다. 최악의 경우, 트레이딩이 잘못되어 깡통 계좌가 될 수도 있다. 이것이 바로 트레이딩이 가지는 리스크이다. 리스크를 관리하는 최선의 방법은 리스크를 이해하고, 정량화하고, 헤지 방법을 찾고, 계좌에서의 손실을 최소화하기 위해 전자적인 프로그램 기술을 사용하는 것이다. 리스크는 트레이딩에 내재되어 있다. 트레이딩 방법을 프로그램화하면, 리스크를 수용할 수 있는 수준으로 최소화할 수 있다.

리스크와 현금 계좌
실제 돈의 중요성

트레이딩을 시작하기 전에 올바른 생각을 가지고, 데이 트레이딩 계좌를 현금 계좌로 생각해야 한다. 현금 계좌를 공격적으로 또는 방어적으로 사용할 수 있다는 사실과 강화하는 방법을 이해한 다음에는 적절하게 마진을 사용할 줄 알아야 한다. 마진의 계산과 사용, 계좌의 구매력, 마진콜의 가능성을 이해하면 현금과 마진 관리를 이해할 수 있게 된다. 마진에 대해서는 나중에 이야기할 것이고, 여기에서는 먼저 현금의 중요성에 대해 이야기하겠다.

원금 보전과 현금 계좌

트레이딩 계좌의 첫 번째 목적은 원금을 보전하는 것이다. 이를 유념하여 트레이딩 계좌를 현금 계좌로 생각해야 한다. 다시 말해 언제나 현금을 가지고 있고, 상황이 허락할 때만 트레이딩하며, 평상시에는 늘 현금화해야 한다. 리스크를 최소화하려면 현금을 보유하고, 트레이딩을 자제해야 한다. 여기에서 말하는 리스크란 돈을 잃게 될 가능성이다.

현금을 보유하는 것이 목적이고, 각 트레이딩은 계좌로 벌 수 있는 이자 소득을 보완하는 것이 목적이다. 시장의 금리(현재는 매우 낮은 수준이다)에 따라 계좌에 있는 현금에 대한 이자를 받을 수 있다. 이자는 하루 단위로 계산된다. 즉 현금을 계좌에 넣고 하룻밤을 보내면 트레이딩을 하지 않더라도 현금 잔액에 따라 얼마간의 이자를 받게 된다. 100% 현금을 가지고 있을 때는 100% 안전한 상태로 현금에 대한 이자를 벌 수 있다. 5만 달러에 대해 2.5%의 금리를 받을 수 있다면, 1년에 1,250달러의 이자를 벌 수 있다. 하루에 위험 없이 6.25달러를 벌어들이는 셈이다.

리스크를 전혀 감수하지 않거나, 가능한 작게 감수하려면 가능한 리스크를 작게 해 이자보다 좀 더 많이 버는 계획을 세워야 한다. 가능하다면 트레이딩을 시작할 때 리스크의 정도를 측정해야 한다. 하지만 하루 동안 리스크 없이 벌 수 있는 6.25달러의 이자를 불린다는 생각으로 접근한다면 하루 동안의 트레이딩에서 감수할 수 있는 적절한 리스크를 파악할 수 있게 된다. 계좌에 들어 있는 현금이 곧 인출해야 할 급여나 마찬가지라는 사실을 잊지 않도록 한다. 트레이딩 계좌에서 현금으로 돈을 받아야 한다. 트레이딩에 관련된 비용을 지불할 때도 현금으로 지불해야 한다. 그래서 언제나 현금 잔고를 높게 유지해야 한다. 결국에는 현금화가 중요하므로, 너무 오랫동안 현금이 아닌 주식, 외환, 선물로 잔고를 채워놓지 않도록 한다.

> ### 헤지펀드 리스크
> 하지만 투자자들의 생각은 다르다. 세계에서 가장 큰 헤지펀드는 현금을 모두 미국의 단기 재무부 국채에 투자한다. 또 다른 계좌로 국채 보유의 4:1 비율로 돈을 빌린다. 이 4배 레버리지는 외환, 선물, 상품을 거래하여 더욱 증폭시킬 수 있다. 만약 헤지펀드 매니저가 리스크를 완전히 회피하는 성향을 가지고 있다면, 안전한 투자처인 재무부 단기 채권에 모든 돈을 넣어둘 것이다.

소득 원천으로의 트레이딩

비용을 지불하고, 생활비를 충당하고, 순자산을 불리기 위해서 데이트레이딩을 하고 있다는 사실을 잊지 말도록 하자. 증권이 아니라 주택

담보 대출금, 자동차 할부금, 생활비에 사용할 돈으로 트레이딩 계좌의 현금을 전환하기 위해서는 트레이딩은 수익의 원천이고, 언제든지 비용을 지불하기 위해서 현금을 가지고 있어야 한다. 현금이 떨어지는 일이 없도록 해야 한다. 돈이 떨어진 가게는 문을 닫아야 한다. 적절한 현금 관리로 이런 일이 발생하지 않도록 해야 한다.

공격적인 리스크와 방어적인 리스크

균형의 유지

리스크를 고려할 때는 현금 계좌를 방어적인 측면과 공격적인 측면이라는 두 가지 측면에서 생각해야 한다. 방어적인 접근방식은 현금 계좌를 생활비의 원천이자 데이 트레이딩이라는 사업이 자급자족할 수 있는 원천으로 생각하는 것이다. 공격적인 접근방식은 순자산을 불리기 위해서 트레이딩을 시작하고 완료하는 것이다.

방어적 리스크 성향의 현금 계좌

처음 계좌를 불리기 시작할 때는 계좌에서 약간의 돈을 인출해 작은 월급으로 생각하되, 다음 날 트레이딩을 할 수 있을 정도의 충분한 현금 잔고를 고려해야 한다. 다음 날도 트레이딩을 해야 하니까 말이다. 방어적인 사고방식은 트레이딩과 관련된 비용을 지불하기 위해 가능한 적은 비용을 인출하는 것이다.

계좌를 키워나가면서 파트타임으로 트레이딩을 할 수 있지만, 전업 투자자가 될 수도 있다. 그동안 현금 인출을 최소화하고, 트레이딩 사업과 관련된 비용을 낮게 유지하도록 하자. 종합 증권사에게 일을 맡기면, 계좌를 운용하는 목적이 무엇인지 물을 것이다. 현금 보전이 가장 중요한 목적이라고 하더라도 '돈을 버는 것'이 목적이라고 답해야 한다. 그래야만 원하는 조언을 받을 수 있을 것이다.

공격적 리스크 성향의 현금 계좌

현금 계좌의 리스크에 대해 공격적인 접근 방식은 아무리 작은 이익이라도 순자산을 늘리기 위해 트레이딩에 집중하는 것이다. 매일, 매주, 매월 충분한 수익을 올리기 위해서 트레이딩을 하고, 이렇게 번 돈으로 비용을 지불하고, 월급처럼 사용하고, 더 나은 재정적 지위를 얻기를 바랄 것이다. 당신은 단기와 장기적인 관점에서 최소한의 수익 요구를 충족시키고, 그 외에 추가 수익을 얻기 위해서 매주, 매월 공격적으로 트레이딩 기회를 찾을 것이다.

> **공격적인 트레이딩과 방어적인 트레이딩**
>
> 트레이딩의 조건이 변화함에 따라 하루 동안 시각을 바꾸면서 방어적인 방식과 공격적인 방식을 모두 활용해 현금 계좌를 생각하는 것이 최선이다. 아침에 S&P 500 선물을 매우 공격적으로 트레이딩하면서 수익을 얻거나, 미국 시장이 이상한 움직임을 보이면 갑자기 방어적인 태도를 취할 수 있다. 시간과 경험이 쌓이면, 상황의 변화에 따라서 투자 성향을 바꾸는 데 능숙해진다.

언제나 트레이딩을 해야 하는 것은 아니다

상황에 관계없이 언제나 트레이딩을 해야 하는 것은 아니다. 이 사실을 잊지 않기를 바란다. 방어와 공격을 모두 활용해 옳은 방법으로 현금 계좌를 운용했다면, 수익 가능성이 확실하지 않을 때는 시장에서 물러나는 것을 선택할 수 있다. 오히려 이 방법으로 계좌의 수익을 지키고, 하루 동안 트레이딩을 쉴 수 있는 여유가 만들어질 것이다. 한 주 동안 또는 한 달 동안의 평균적인 수익이면 된다. 평균적인 수익을 얻으면 모든 시장 상황에서 억지로 트레이딩하는 것을 막을 수 있다.

현금 계좌를 강하게 만들기

손실은 계좌에서 돈을 인출하는 것이나 마찬가지라고 생각해야 한다. 예를 들어 당신은 1만 달러 잔고가 있는 계좌를 가지고 있다. 한 달동안 데이 트레이딩과 관련된 비용이 500달러라면 매달 이 돈을 인출한다. 그런데 돈을 인출하는 날에 500달러를 잃었다면, 그달에는 1,000달러를 인출한 것이 된다. 같은 구매력을 가지려면 1만 달러로 돈을 복구해야 하고, 그러자면 1,000달러의 수익을 내야 한다. 당연하겠지만 계좌를 강하게 만들려면 적어도 원금으로는 복구해야 한다. 다른 말로 하면, 매월 트레이딩에 관련된 비용과 손실 금액, 현금으로 보유했을 때의 이자만큼은 벌어야 한다.

생각보다 힘든 일은 아니다. 특히 비용을 최소화하고 손실 가능성이 작은 트레이딩만 하는 방어적인 접근법을 사용한다면 그다지 어렵지 않다.

현금 계좌 지키기

언제나 현금 계좌가 줄어들지 않도록 지켜야 한다. 현금을 지킨다는 것은 현금을 안전하게 방어하고, 내일의 트레이딩을 준비한다는 뜻이다. 다음 날까지 지속하기 어려울 만큼의 위험을 감수해서는 안 된다! 이런 생각과 함께 현금 포지션을 키울 수 있는 아이디어로 매번의 트레이딩에 임해야 한다. 현금 계좌를 강하게 만든다는 것은 단순히 현금을 늘리는 것을 넘어서, 안전과 가능성을 확보하는 것이다. 예를 들어 계좌의 잔고가 충분하다면, 수익을 벌기 위해서 오랫동안 기다려야 하는 트레이딩에 사용되는 마진을 제한해야 한다. 즉, 마진의 사용을 줄이고 현금을 늘리는 트레이딩을 하여 리스크를 줄인다는 뜻이다. 계좌의 마지막 현금까지 짜내어 트레이딩할 필요는 없다. 사용하는 마진이 적으면 리스크도 줄어든다.

펀더멘털과 기술적인 지표가 모두 좋은 트레이딩이라면, 돈을 벌 수 있는 확실한 기회이다. 물론 전혀 리스크가 없는 것은 아니다. 무엇보다 트레이딩의 기간이 길어지면 리스크가 생긴다. 트레이딩 기간이 길수록 리스크는 증가한다.

총수익률 전략

계좌의 수익은 이자와 트레이딩을 통해서 얻은 수익의 합이다. 이렇게 해야 계좌의 성과를 분명하게 측정할 수 있다. 이런 방법을 총수익률 전략이라고 부른다. 안전한 트레이딩, 위험한 트레이딩, 위험성이 매우 큰 트레이딩, 이렇게 세 가지 트레이딩 그룹을 운영하고 있다고 가정해보자. 안전한 트레이딩은 현금과 곧 끝나버리는 소규모의 단기 트

처음 시작하는 이들을 위한 최소한의 데이 트레이딩 이해하기

레이딩이다. 안전한 트레이딩은 계좌를 강하게 만들어주지만, 충분한 돈을 인출할 정도의 수익을 벌어들이지는 못한다. 이런 소액 트레이딩은 복리를 통해서 계좌의 구매력을 높이고, 사용할 수 있는 마진을 늘린다.

리스크가 작은 소액 트레이딩으로 10달러의 수익을 벌 때마다 마진에 따라 15~5,000달러(주식은 1.5:1의 마진, 외환은 500:1의 마진을 활용한 경우이다)의 구매력을 얻게 된다.

각 트레이딩의 리스크 관리

트레이딩 계획의 활용

트레이딩을 할 때마다 계획을 적으면 리스크를 최소화할 수 있다. 트레이딩 계획이란 진입 시점, 트레이딩 예상 시간, 매도 시점을 간단하게 적는 정도면 된다. 트레이딩을 시작하기 전에 손절매 주문과 수익 실현 주문을 설정하면 트레이딩 계획을 한 단계 더 발전시킬 수 있다.

손절매 주문 설정하기

손절매 주문을 설정하면 자동으로 트레이딩을 종료할 수 있다. 트레이딩에서 감수할 수 있는 최대의 손실을 미리 계산하고, 손절매 주문을 설정한다. 이렇게 하면 트레이딩에서 잠재적 손실의 비율과 금액을 미리 제한할 수 있다. 반대로 수익 실현 주문은 트레이딩에서 벌어들이기를 바라는 비율과 돈을 미리 설정하는 것이다. 증권이 미리 설정해놓은 수익에 도달하면 트레이딩 플랫폼이 자동으로 포지션을 종료하고 수익을 실현한다. 손절매와 수익 실현 주문은 트레이딩을 계획하는 데 있어서 핵심이며, 데이 트레이딩 계좌의 리스크를 효율적으로 관리하기 위한 매우 훌륭한 도구이다.

제대로 트레이딩 계획을 세우려면 시장을 검토하고, 트레이딩을 설정하기에 좋은 날을 찾아야 한다. 여러 날 중에서 최선을 선택하고, 각 주문을 위한 계획을 세운다.

리스크 최소화

사람들에게 언제 떠나고 언제 돌아오겠다는 말을 남기지 않고 해외여행을 떠나는 사람은 없다. 트레이딩을 할 때는 미리 수익과 손실을 제한하여 어디에서 트레이딩을 하고 언제 돌아올지를 자신에게 미리 알려주도록 한다. 다음 단계는 주문 화면에서 손절매 주문을 설정해 자동으로 손실을 최소화한다. 자신의 전체 계좌와 비교해 손실이 적도록 프로그램해야 한다.

트레이딩에 전념할 준비가 되었다면, 트레이딩 플랫폼에서 주문한다. 주문 화면은 종목 코드와 단위, 실행할 가격을 표시한다. 여기에 수익 실현 단추와 손절매 단추도 있다. 트레이딩의 단위를 기입하면 전체

금액과 사용된 마진이 표시된다. 실행 버튼을 누르기 전에 이번 트레이딩에서 정한 수익과 손실을 제한한다.

'수익 실현' 란에서 원하는 가격을 설정하면 트레이딩 플랫폼은 수익을 자동으로 실행하고 수익을 실현한다.

리스크 관리와 무빙 스톱

'2% 규칙'과 같은 적절한 리스크 관리 기술과 손절매를 미리 계획하여 사용하면 트레이딩 포지션이 붕괴하는 것을 예방하고 통제할 수 있다. 2% 규칙이란 매번의 트레이딩에서 전체 계좌의 손실이 2%가 넘지 않도록 손절매 기준을 설정하는 것이다. 예를 들어 계좌에 1만 달러가 있다고 가정해보자. 당신은 주당 10달러인 에너지 ETF 100주를 총 1,000달러에 매수했다. 2% 규칙에 따르면 8달러에 손절매 주문을 설정하면 된다(1,000달러×2%로 최대 손실은 200달러가 된다. 1,000달러(총투자금)-200달러(최대 손실)=800달러(최종 거래가치)이다. 트레이딩의 가치가 800달러 이하가 되어서는 안 된다. 800달러를 100주로 나누면 주당 8달러가 된다).

계산이 필요하긴 하지만 매우 효과적인 리스크 관리 도구이다. 트레이딩을 시작하기 전에 수익과 손실을 설정하는 좋은 방법이고, 훌륭한 트레이딩 계획의 예이다. 트레이딩의 결과를 합리적으로 추정하기 위해서 모든 지표, 뉴스, 차트를 모두 참고해야 한다.

자동 무빙 스톱

트레이딩 플랫폼의 자동 주문 시스템에는 자동 무빙 스톱 기능도 있다. 활용하고 싶은 비율, 핍, 금액을 설정할 수 있는 기능이다. 증권의 가격이 상승하면 플랫폼이 자동으로 트레이딩 중단 지점을 수정한다(쇼트 포지션이나 매도 중일 경우에는 하방으로 중단 지점을 설정할 수 있다).

투자시장에는 "손실은 막고, 수익은 계속 불어나도록 놓아두라"는 격언이 있다. 이 말처럼 손절매는 증권 가격이 상승하면 함께 높아진다. 예를 들어서 15달러에 주식을 거래하면서 12.50달러로 손절매 주문을 설정했다. 시장의 가격보다 2.50달러 낮게 손절매 주문을 설정한 것이다. 그런데 주식이 상승하면 상승한 가격에서 정확하게 2.50달러 아래로 손절매 지점이 동반 상승한다.

예를 들어 주식이 18.75달러가 되면 손절매 지점은 16.25달러가 된다. 그러면 16.25달러가 되었을 때 주식을 매도하고, 1.25달러의 수익을 얻게 된다. 만약 주식이 18.75달러보다 더 많이 상승한다면, 손절매 지점 역시 상승한다. 이것을 무빙 스톱이라고 한다. 무빙 스톱은 시장

에서 이익을 보전하는 데 꼭 필요한 효과적인 도구이다.

2% 규칙이나 무빙 스톱과 같은 수익 관리 방법은 데이 트레이딩에서는 꼭 필요한 요소이다. 데이 트레이더들이 리스크를 고려하지 않거나 트레이딩이 잘못되어 상당한 손실을 입을 때가 많기 때문이다.

CHAPTER 6

트레이딩의
설정과 정보

첫 단계는 트레이딩의 대상을 찾고, 시장에 배우는 것이다. 다음은 수익을 거둘 수 있는 좋은 트레이딩을 찾는 것이다. 빠르고 쉬운 수익을 안겨주는 트레이딩도 있지만, 그보다 더 많은 트레이딩이 손실을 안겨준다. 어디에서 찾아야 할지가 관건이다. 그래서 트레이딩을 잘 설정해야 하며, 시장의 정보 속에서 트레이딩 대상을 찾아야 한다.

마진은 어떻게 작동하는가?
현금 계좌의 구매력

마진을 이용하는 것은 신용카드로 증권을 매입하는 것과 같다. 계좌에 있는 현금보다 더 많은 증권을 매입할 수 있기 때문이다. 덕분에 트레이딩의 규모는 커지고, 수익 가능성도 커진다. 마진을 사용하여 트레이딩 계좌를 설정하면, 현금과 증권을 담보로 돈을 빌려 더 많은 증권을 매입할 수 있다.

　마진은 보증금을 내고 유형의 자산을 구매하는 것과 비슷하다. 자동차나 집을 구매할 때와 같다. 자동차나 집을 구매할 때는 일부를 현금으로 내고, 나머지는 대출을 받는다. 자동차의 경우 10%의 보증금을 내고 90%는 대출을 받는다. 집을 살 때는 20% 현금을 내고, 80%는 대출을 받는다. 주식이나 선물, 외환을 마진 거래로 매입하면, 대상에 따라 2~66%의 돈을 내고 나머지는 마진으로 증권을 매입할 수 있다.

예를 들어 50:1 마진으로 주식이나 ETF를 매입하면, 660달러를 내고 1,000달러어치를 살 수 있다. 외환 거래에서는 20달러로 1,000달러어치를 매입할 수 있다. 당신이 가진 돈과 중개소에서 매입하는 돈의 차이는 대출로 메워지며, 각 트레이딩마다 대출을 받았다가 갚게 된다. 거래 당일 트레이딩의 규모에 따라서 사용할 수 있는 마진은 늘어나기도 하고, 감소하기도 한다. 당신이 트레이딩을 시작하고 종료할 때마다 중개업체는 제공하는 마진의 양을 조정한다.

트레이딩에 적절한 마진은 얼마일까? 빠르게 변하는 시장에서 영향이 적도록 처음 시작할 때는 적은 마진을 사용하도록 한다. 하지만 어느 정도 시간이 지나면 일정한 수준의 마진을 사용하게 되고, 더 큰 레버리지를 사용하도록 스스로를 훈련하게 된다.

계좌에 제공되는 마진은 트레이딩의 이익과 손실에 따라서 늘어났다가 줄어든다. 당신이 사용할 수 있는 마진은 계좌의 규모와 긴밀하게 연결된다. 현금에 사용 가능한 마진을 더하면, 당신이 가진 계좌의 구매력이 된다. 트레이딩에서 돈을 벌면 구매력이 늘어나고, 돈을 잃으면 구매력이 감소한다. 트레이딩은 역동적이기 때문에 레버리지를 많이 사용하면 마진과 구매력이 급증한다.

마진의 공식

마진은 각 증권의 상승 및 하락에 승수 역할을 하기 때문에 마진을 계산하는 공식을 알아야 한다. 먼저 사용하고 싶은 마진의 크기를 설정한다. ETF 100주에 대해 50%의 마진을 사용하고 싶다면 3분의 2는 현금을 내고, 3분의 1은 마진을 사용하게 된다. 처음에 1만 5,000달러를 매입한다면 현금 1만 달러가 필요하고, 5,000달러의 마진을 사용할 수 있다.

시장이 호황이라고 가정해보자. 당신이 매입한 ETF가 10% 상승하여 1,500달러가 되었다. 하지만 당신의 수익률은 10% 이상이다. 실제 투자한 돈으로 수익을 나누어보자. 1,500달러를 1만 달러로 나누면 실제 투자 수익률은 15%인 것을 확인할 수 있다.

이처럼 마진은 이익을 증가시키는 효과를 가져온다. 증권의 리스크 정도에 맞게 트레이드에서 마진의 수준을 조정하도록 한다. 예를 들어 당신은 S&P 500이 개별 주식, ETF, 레버리지 ETF, 통화쌍, 상품보다 변동성이 낮다는 것을 알고 있고(그 이유는 S&P 500 지수가 미국 시장의 500대 기업으로 구성되어 있기 때문에 내부적으로 다변화되어 한 가지 종목을 거래할 때보다 변동성이 작다), 이들 포지션에 대해서 높은 레버리지를 사용했다. 금융 업종과 같은 다른 업종은 매우 변동성이 크며, 리스크를 줄이기 위해서 낮은 마진을 사용해야 한다.

하지만 마진을 사용하면 손실 역시 증폭된다는 단점이 있다. 앞

처음 시작하는 이들을 위한 최소한의 데이 트레이딩 이해하기

의 예에서 1만 달러의 현금으로 5,000달러의 마진을 합쳐 ETF 1만 5,000달러를 매입했다고 가정했다. 시장이 좋지 않아서 지수가 10% 하락했다면 마진 때문에 손실 역시 증폭된다. 손실을 전체 투자로 나누면 1만 5,000달러를 1만 달러로 나누어 손실률은 15%가 된다. 마진은 주식, ETF, 통화, 선물의 움직임을 증폭시키는 지렛대이다.

마진의 제한

중개업체의 계좌에서 사용할 수 있는 마진은 거래하는 대상에 따라서 제한된다. 시장 규제 기관은 주식, ETF, 선물 계좌에서 사용할 수 있는 마진 금액을 통제한다. 전 세계적으로 최악의 경제적 사건은 금융시장의 과도한 투기에서 비롯되었기 때문이다. 과도한 투기는 종종 시장의 거품으로 이어진다. 시장에 거품이 생기기 시작하면, 결국 거품이 터져 시장이 급락할 때까지 가격이 상승한다. 지금까지의 역사에서 과열된 시장과 시장의 거품은 몇 번이고 반복되었다.

시장 규제 당국은 증권 거래에 허용되는 레버리지 금액을 규제하여 거품이 생기지 않도록 통제하려고 한다. 가장 낮은 경우 5:1의 마진이 허용된다. 마진의 허용이 가장 느슨한 분야는 외환시장이다. 외환 거래에서는 10:1~500:1의 마진이 허용된다.

마진콜

마진콜은 중개업체나 거래소에서 마진의 담보로 사용된 주식의 시장가치가 중개업체나 거래소가 생각하는 가치 이하로 하락했다고 판단하는 상황을 말한다. 이런 상황이 발생하면 중개업체나 거래소는 트레이더에게 계좌에 부족한 현금을 채우거나, 담보를 늘리도록 요청한다. 트레이더가 현금을 채우지도, 담보를 늘리지도 못하면 중개업체는 담보로 사용된 주식을 매도할 권리를 가진다.

예를 들어 상당한 레버리지를 사용해서 외환 통화쌍을 매입했고, 마진이 상당한 상황에서 손실이 발생하여 거래에서 요구되는 최소 자본 이하로 하락했다고 가정해보자. 이런 일이 발생하면 중개업체는 마진콜을 발생시킨다. 이제 당신은 최소한도를 맞추기에 충분한 자본(주로 현금)을 채워야 한다. 일부 중개업체는 거래일이 끝날 때까지 계좌를 채우도록 요구하지만, 어떤 중개업체는 시스템에 따라 당신의 포트폴리오 일부를 매각해 마진을 채운다. 또 어떤 중개업체는 계좌가 최소한도 이하인 경우에 즉각 포지션을 종료한다.

마진콜은 트레이딩 계좌에 있어 재앙이다. 시장이 최악일 때 마진콜이 발생하면 주식, 선물, 통화쌍의 가치는 원래 의도했던 가치보다 훨씬 낮은 수준까지 하락한다. 그러면 증권이 가치를 회복할 때까지 기다리지 않고 손실 상황에서 매도가 강요된다. 마진콜은 특히 아무런 통보

처음 시작하는 이들을 위한 최소한의 데이 트레이딩 이해하기

없이 포지션을 정리하는 경우에 관련된 자본 전체가 타격을 받기 때문에 비싼 대가를 치러야 한다.

마진콜은 종종 트레이더가 잠을 자느라 컴퓨터와 떨어져 있거나 다른 이유로 장기간 트레이딩을 모니터링하지 못했을 때 발생한다. 레버리지를 많이 사용하여 트레이딩할 때에는 계좌에 가능한 여유 마진을 갖추어 놓도록 한다. 더 많은 자본을 채우도록 요구하거나 포지션을 정리하거나, 어떤 방식을 취하든지 마진콜은 계좌를 헤집어 놓는다.

높은 마진 비율을 주의해서 사용하거나, 피라미드 방식과 같은 적극적으로 포지션의 크기를 관리함으로써 마진콜을 대비할 수 있다. 피라미드 방식이란 트레이딩을 세 가지로 분리된 그룹으로 구성하고, 한 번에 하나씩 포지션을 정리하는 것이다. 이렇게 하면 비용을 평균화할 수 있고, 수익을 확보하여 상당한 포지션이 비우호적인 가격에 설정되지 않도록 막을 수 있다. 이런 방식으로 장시간에 걸쳐 트레이딩의 가격을 평균으로 조절하고, 이상적인 가격보다 낮은 가격에 매도할 위험을 없앨 수 있다.

앞에서 설명한 것처럼 마진콜을 막는 방법에는 2% 규칙과 손절매 주문도 있다. 두 가지 방법으로 데이 트레이딩 계좌의 현금이 2% 이상 줄지 않게 할 수 있다. 2% 제한은 이론적으로 50번 연속 손실을 기록해야 깡통 계좌가 된다(2%×50번=100%이다).

026   LEARN TO TRADE OPPORTUNISTICALLY

트레이딩 기회를 포착하는 방법

어떤 시장에서든지 수익을 얻을 수 있다

시장에 대한 감이 생기고 목적을 위한 계획을 세울 수 있을 정도로 데이 트레이딩 기술을 개발할 수 있다. 데이 트레이딩의 목적은 각 트레이딩에서 설정되어야 한다. 또한 매번의 트레이딩에서 목표로 하는 수익과 손실 한도를 설정해야 한다. 기본적인 리스크 관리 기술과 무빙 스톱을 포함했다면, 첫 번째 트레이딩의 준비가 끝난 것이다.

시장에 대한 감을 잡는다

처음 진짜 돈으로 트레이딩을 한다는 생각을 하면 두려우면서도 흥미진진할 것이다. 성공적이고 즐거운 경험을 위해서는 만반의 준비가 필요하다. 준비는 먼저 시장의 상황이 어떻고, 어떤 방향으로 움직이고 있고, 당신이 어떻게 방향을 잡아야 수익을 얻을 수 있는지를 이해하는 것이다. 금융시장에 대한 지식을 정직하게 평가하면, 시장에서 첫 번째 트레이딩을 할 준비가 되었는지를 알 수 있다. 또한 자신감을 얻고, 수익에 대한 확신을 갖게 된다.

매일 모니터링하는 가장 좋아하는 업종을 개발해야 한다. 당신이 가장 좋아하는 휴가지의 통화와 당신의 국가의 통화쌍일 수도 있고, 원유나 그 외에 당신이 매일 사용하는 상품의 가격일 수도 있다. S&P 500, 다우 30, 나스닥 같은 시장 자체의 지수일 수도 있다.

모의 계좌에서 설정하기

시장지수나 개별 종목에 대한 기준을 만드는 좋은 방법은 모의 계좌를 이용하는 것이다. 모의 계좌에서 인덱스나 업종, 증권에 대한 하나의 트레이딩을 거래하고, 플랫폼의 메모 란에 시장의 기준을 표시하도록 한다. 시장과 가격은 계속 움직이기 때문에 시장에 대해 배우면서 업종의 가격 수준을 파악하기 시작할 것이다. 여기가 출발점이며, 다른 모든 비교를 위한 기준이다.

시장에 대한 기준을 설정하는 과정에서 해당 업종의 기본 가격의 변화를 직접 확인하도록 하자. 이런 과정이 없다면, 시장이 항상 같은 가격에서 변화하지 않는다고 오해하게 될 것이다.

패션의 세계에서는 한 시즌의 유행이 다음 시즌이나 사이클에서는 유행에 뒤처진 스타일이 된다. 시장도 마찬가지다. 이런 점을 염두에 두고 상품, 선물, 통화쌍, 지수, ETF의 가격을 평가하자. 오랫동안 한 업종을 관찰하면 가격의 변화를 목격하고, 사람들의 관심에서 벗어날 때를 확인하게 되며, 시장의 심리가 변하는 것을 목격하게 될 것이다. 증권의 가격은 언제나 변화한다. 이런 변화를 확인할 때까지 포지션을 유지한다면 업종의 역사적 변화에 대한 감이 생길 것이다. 같은 증권이 10% 상승했을 때, 10% 하락했을 때, 또는 그보다 더 하락했을 때의 달, 계절, 연도를 알면 포지션을 설정하는 데 도움이 된다.

시장을 오래 관찰하면, 가치 있는 업종과 빠르거나 느린 가격의 변화 방식을 파악하게 된다. 시장은 패턴을 따라서 움직인다. 기술적인 분석에서 이런 패턴을 확인할 수 있다. 또한 트레이딩의 설정이 패턴을 따를 수도 있다. 시장에 대한 감을 잡을 수 있을 정도로 충분한 시간을 들이지 않는다면, 차트와 펀더멘털에만 의지한 채 눈을 가리고 트레이딩하는 것과 마찬가지일 것이다. 물론 차트와 펀더멘털은 중요한 도구이다. 하지만 과거의 주식, ETF, 선물, 상품에 대해 지식을 얻는다면, 상승이든 하락이든 앞으로의 방향에 대한 감각을 익히게 될 것이다.

계획 세우기

처음 트레이딩을 시작하기 전에 처음부터 끝까지 계획을 세워야 한다. 트레이딩을 시작할 때는 움직이는 시장에 사로잡혀 원래의 목적을 잊기 쉽다. 각 트레이딩에 대한 계획을 글로 적는다면, 매수 포인트와 예측되는 트레이딩의 기간, 트레이딩을 정리할 매도 포인트, 트레이딩에서 바라는 결과를 적어야 한다. 트레이딩의 목적을 적으면 매일, 한 주 동안, 한 달 동안의 트레이딩 수익을 통제할 수 있게 될 것이다. 또한 분명한 결과를 가지고 각 트레이딩을 시작할 수 있다. 트레이딩을 시작하기 전에 포지션을 정리할 지점과 원하는 수익을 알아야 한다.

미리 트레이딩을 계획하면 트레이딩을 제어하는 데 도움이 된다. 계획이 없다면 구체적인 목적 없이 돈을 벌겠다는 생각에 아무 때나 트레이딩을 시작하고 그만두는 습관이 배이게 될 것이다.

'돈을 벌겠다'는 목적

돈을 벌겠다는 목적은 계획이 아니다. 앞에서 설명했듯이 트레이딩을 사업처럼 생각해야 한다. 계좌에 들어 있는 현금은 목표를 달성하는 데 필요한 자산이다. 하루, 한 주, 한 달 동안의 트레이딩에서 수익을 남기기 위해서는 매번 트레이딩에 대해 계획을 세워야 한다. 아무 생각 없이 급하게 트레이딩을 계속하는 것보다는 하루 동안 3~4번 계획된 트레이딩을 진행하는 것이 낫다.

스포츠 코치들은 선수들에게 훈련 중에 개인의 목표를 시각화해보라고 가르친다. 역도 코치는 선수에게 특정한 무게를 들어 올리는 모습을 상상하라고 말한다. 체조 코치는 팀의 선수들에게 뜀틀을 뛴 다음 완벽하게 착지하는 모습을 떠올리라고 말한다. 최고의 선수들은 흔히 시각화를 통해 목표를 달성하곤 한다. 당신이 트레이딩으로 돈을 벌고, 가능하다면 매달 비용을 지불하고 월급처럼 사용하기 위해 돈을 버는 계좌를 만든다는 사실을 잊어서는 안 된다. 성공한 사업가는 잠재적인 투자 가능성을 조심스럽게 평가하고, 각 투자 가능성이 가진 장점과 잠재력에 순위를 매긴다. 자신의 책상 위에 올라온 모든 거래를 할 수 있을 정도로 충분한 돈이 있더라도 현명하게 거래를 제한한다. 최고의 거래를 위해서 인내심을 가지고 기다리는 법을 배웠기 때문이다.

연습은 꼭 필요하다!

변동성이 클 때 트레이딩을 하면 스트레스를 받게 된다. 연습을 하면 감정적으로 반응하기 쉬운 시장을 버텨내는 데 도움이 된다. 피트니스센터에서 운동을 하고, 외부 스포츠를 즐기며, 산책을 해보자. 차고를 청소하는 것도 스트레스를 줄이는 데 도움이 된다. 신체적인 활동은 다시 긍정적인 데이 트레이딩에 집중하도록 도와줄 것이다.

트레이딩에서 수익을 얻으면 트레이딩을 종료하고 계좌에 돈을 불릴 수 있다. 트레이딩이 좋지 않은 상황이 되면 돈이 물리게 된다. 이 상태에서 트레이딩을 종료하면 손실이 발생하고, 계좌와 데이 트레이딩 비즈니스는 약해진다.

과열된 시장에서의 트레이딩
거친 시장의 등락을 즐기는 방법

대부분 시장은 예측할 수 있는 하나의 방향으로 정렬되어 운영된다. 하지만 시장이 감정적이고 변덕스러울 때가 있다. 이럴 때는 시장이 급등과 급락을 거듭하는데, 냉철한 판단력을 잃지 않는다면 바닥과 꼭대기에서 돈을 벌 수 있는 훌륭한 기회를 제공한다.

시장의 감정은 두 가지이다. 첫 번째는 무한한 행복감이고, 두 번째는 공포이다. 시장이 무한한 행복감에 젖을 때면 시장의 참여자들은 시장이 무한정 상승할 것이라는 생각을 공유하게 된다. 하지만 시장의 행복감은 빨리 찾아왔다가 빠르게 사라진다. 나쁜 소식 하나에 황홀했던 감정은 모두 사라지고, 트레이더들은 수익을 실현한다. 더 안 좋을 때는 쇼트 포지션을 취한다. 당신의 목표는 최고조에서 이런 행복감을 감지하고 쇼트 포지션을 구축하는 것이다. 베어 ETF, ETF 쇼트 포지션,

S&P 500 선물 쇼트 포지션을 구축한다. 시장이 하락할 때는 포지션을 구축하는 것만으로 돈을 벌 수 있을 때가 있는데, 특히 시장이 너무 장 밋빛이어서 실현되기 어려울 때가 그렇다.

신호 포착하기

시장이 최고조에 달하고 포트폴리오에 쇼트 포지션을 포함해야 할 때를 알아야 한다. 하지만 정확한 시점을 알기는 쉽지 않다. 아니, 더 정확하게 말하면 아무도 모른다. 가장 중요한 신호는 누구나 시장에 대해 말할 때이다. 사람들은 시장이 얼마나 좋은지, 얼마나 많은 돈을 벌었는지, 누군가가 이 종목 저 종목으로 돈을 벌어 페라리를 샀다는 이야기를 계속한다. 일반 대중들은 시장의 사이클이 한창일 때 혹은 거의 끝나갈 때 시장에 뛰어든다. 그래서 이런 이야기가 들리면 시장이 충분히 오랫동안 쉽고 안전하게 보여왔다는 신호이다. 그렇다면 어떻게 해야 할까? 답은 간단하다. 시장이 과열되고 있다면 일부 헤지 포지션을 구축하고, 손절매 기준을 더 엄격하게 정비한다(절대 손절매 없이 트레이딩을 해서는 안 된다). 또 적절한 헤지 기술을 사용한다. 충분한 다변화 또는 베어 ETF를 사용할 수 있다는 뜻이다.

반면 공포가 시장을 지배할 때는 짧은 시간 동안 주가가 급락한다.

공포는 자연 재해나 정치적인 문제와 같은 나쁜 소식 하나에 갑자기 다가온다. 부정적인 분위기는 일반 대중들에게서도 느껴지기 시작한다. 이때가 롱 포지션을 구축하기에 좋은 때이다. 롱 포지션이나 쇼트 포지션을 취할 때 시장의 방향이 변할 것 같지만 정확한 시기를 잡기 어렵다는 점을 염두에 두도록 한다.

이런 불확실성에 대응하려면 일반적인 규모보다 작은 규모로 트레이딩을 하거나 피라미드 방식을 이용하도록 한다. 다만, 일주일에서 10일 정도로 평상시보다 길게 포지션을 배열한다. 목표는 시작부터 완료까지 한 달 정도가 걸리는 외환 캐리 트레이드처럼 긴 시간을 설정해야 한다는 것이다. 매번의 트레이딩에서 시장에 진입하고, 빠져나와야 한다는 것은 동일하다. 하지만 이들 포지션을 긴 시간에 걸쳐서 지속적으로 구축해야 한다. ETF는 긴 시간 동안 움직이면서 매일 수익을 안겨주면서도 오랜 시간 동안 매일 신고가 또는 신저가를 경신하는 경향이 있다. 이 점을 잊지 말고 시간의 흐름에 따라 ETF나 주식의 새로운 가격을 생각할 필요가 있다.

이전의 트레이딩에서와는 가격이 달라질 수 있다. 예를 들어 한 주를 시작할 때 XYZ의 종목이 75달러였는데, 평상시와 달리 긴 시간 동안 트레이딩을 하면서 한 주를 지내고 보니, 그다음 주에는 85달러가 되어 있을 수 있다. 이때는 82달러가 좋은 시작 또는 진입 포인트이다. 반대의 경우는 82달러가 수익을 남길 수 있는 종료 또는 매도 포인트이다. 잠깐의 하락(롱 포지션의 경우) 또는 최고가(쇼트 포지션의 경우)에 포지션을 구축한다면, 시장이 조정될 때 인상적인 수익을 남길 수 있을 것이다. 한동안 포지션과 반대로 시장이 움직일 수도 있다. 그렇다고 계좌가 손실을 기록하지는 않는다. 또한 계좌가 크게 손실을 입지 않도록 손절매나 마진을 제한하도록 한다.

> **공포에 떠는 시장에서 포지션 구축하기**
>
> 시장이 공포에 지배될 때, 앞에서 설명한 것처럼 피라미드 방식으로 포지션을 구분해 구축하는 것이 좋다. 다만 구축할 때 평상시처럼 세 번이 아니라 4~6개로 균등하게 구분한다. 포지션을 정리할 때는 평상시처럼 세 번에 나누어 정리한다. 이런 포지션의 다변화로 일반적인 피마리드 방식의 3개 진입 포인트를 6개로 늘릴 수 있다.

　시장의 고점과 저점에서 포지션을 구축하기에 좋은 시점은 어떻게 잡아야 할까? 시장의 뉴스가 일반인들의 대화 주제가 될 때가 있다. 시장이 극단적일 때만 이런 현상이 벌어진다. 시장이 장밋빛이고, 주식, 외환, 상품으로 쉽게 돈을 벌 수 있을 것 같을 때는 누구나 이것에 대해서 말한다. 마켓 계산대에서나 서점, 치과에서 시장에 대한 대화를 엿들을 수 있다. 시장이 좋을 때는 좋건 나쁘건 실생활이 개입하기 시작한다. 시장이 정말 좋지 않을 때는 사람들이 시장이 절대 회복하지 못할 것이라는 등의 부정적인 이야기를 한다. '이번에는 정말 달라'는 표현이 특히 중요하다. 시장이 고점이든 저점이든, 시장을 행복감이 지배하든 공포가 지배하든, 이런 말이 들린다면 시장과 반대로 움직일 때이다. 시장의 분위기와 반대로 움직이는 것만으로도 인상적인 수익을 거둘 수 있다.

세계 시장에 뛰어들기

해외 계좌 사용하기

해외 시장, 해외 지수, 개발도상국의 지수에 투자할 수 있다. 미국에 있는 중개업체의 ETF를 통해 전 세계 시장에 투자할 수 있다. 하지만 진짜 해외 시장을 경험하고 싶다면 해외 중개업체인 국제적인 기업에 계좌를 개설해야 한다. 이런 계좌는 설정하기는 어렵지 않다. 다만 돈을 입금하고, 출금하기가 약간 까다롭다.

해외 계좌를 만들면 특별한 세금 양식을 작성해 미국의 국세청에 제출하여, 미국 이외의 다른 지역 계좌의 주인이라는 사실을 증명해야 한다. 하지만 걱정할 필요는 없다. 양식을 작성하기는 어렵지 않으며 회계사나 세무사가 쉽게 처리할 수 있다.

해외 계좌로 인기 있는 지역은 룩셈부르크, 스위스, 오스트리아. 키프러스, 맨섬이다. 이들 지역은 미국의 계좌로는 접근할 수 없는 시장과 투자상품에 대한 접근성을 제공한다. 해외 계좌 개설을 부정적으로 생각할 필요는 없다. 알려진 것과 달리 전혀 불법이 아니다. 국세청에 알리지 않고, 해외 계좌를 가진 미국 시민이라는 사실을 숨긴다면 불법이다.

외환시장에서 트레이딩하기

외환시장의 트레이더들은 유럽과 아시아 시장에서 트레이딩하기 위해서 저녁에 매수와 매도 주문을 프로그램하는 트레이딩 플랫폼을 사용한다. 아시아 시장과 경제 뉴스는 미국 동부시간으로 오후 7시에서 새벽 1시에 발표된다. 유럽 시장의 뉴스는 동부시간으로 오전 1시에서 오전 6시까지 발표된다. 아시아나 유럽의 통화를 트레이딩하려면 해당 지역의 경제 뉴스 보도를 바탕으로 거래하는 것이므로, 이 시간에 맞게 트레이딩해야 한다.

데이 트레이더는 매번의 트레이딩에서 진입 포인트와 종료 포인트를 알고, 수익을 미리 설정해야 한다. 전날 밤에 트레이딩을 설정하고, 아침에 출근하기 전에 잠자는 동안 제대로 주문이 실행되고 수익을 거뒀는지 확인한다. 중요한 경제 소식이 발표될 때를 추적하는 것이 중요하다. 전 세계 주요 국가와 경제의 중앙은행 웹사이트를 방문하면 언제 경제 보고서가 발표되고 배포되는지 알 수 있다.

CHAPTER 7

시장 분석

트레이딩을 설정하는 최선의 방법은 과학적인 방법을 사용하는 것이다. 증권을 매수하고 매도하기 위한 최적의 시기를 파악하기 위한 입증되었고 실질적인 기술은 펀더멘털 분석과 기술적 분석이다. 펀더멘털 분석은 기업의 내부 회계나 국가의 경제를 파악하는 것이다. 반면 기술적 분석은 증권의 차트와 과거의 추세를 확인해 미래의 경로를 예측하는 것이다.

펀더멘털 분석
시장을 평가하다

펀더멘털을 읽는 것은 국가, 시장, 업종, 증권의 경제 또는 금융 자료를 파악하는 과정이다. 기업의 펀더멘털 자료는 기업의 활동을 알려준다. 기업의 활동을 파악하기 위해서 기업의 구조, 주당순이익EPS, 주가수익비율PER의 정보를 확인한다. 상품의 수요와 공급을 분석하고, 전 세계 경제와 통화의 펀더멘털을 분석할 수도 있다. 마지막으로 증권의 미래를 예측하기 위한 도구인 펀더멘털의 단점도 알아야 한다.

기업 또는 업종에 대해서 이해하기

먼저 펀더멘털을 읽는 법을 배울 때에는 국가, 시장, 업종, 증권에 대한 정보의 출처를 가능한 많이 찾고 확인해야 한다. 그래야만 데이 트레이딩의 대상을 제대로 이해할 수 있다. 중앙은행이나 국책은행을 인터넷으로 찾아보면 해당 국가의 펀더멘털에 대해 알 수 있다. 국제결제은행Bank for International Settlements, www.bis.ork에서는 전 세계 중앙은행의 링크를 제공한다. 여기에서 제공하는 자료를 읽고, 중개업체가 제공하는 정보와 비교하도록 한다. 일부 중개업체는 전 세계 경제 지역에 대한 반기 보고서를 제공한다. 전 세계 지역의 경제와 투자 또는 트레이딩 전망을 개괄적으로 훑어볼 수 있는 좋은 자료이다.

기업이나 업종을 데이 트레이딩할 생각이 있거나 이미 데이 트레이딩을 시작했다면, 뉴스 보도에 따라 증권에 대한 정보를 제공하는 리치 사이트 요약Rich Site Summary, RSS 피드를 구독할 수도 있다. 같은 서비스를 제공하는 독립적인 뉴스 서비스도 있다. 양식과 이메일만 작성하면 구독할 수 있다. 중개업체는 시장의 전반적인 개요를 제공하고, 간혹 월간 섹터의 지침을 작성한다. 종합 증권사는 특히 이런 정보의 제공에 능하며, 독립적인 할인 중개업체 중에서도 종합 증권사와 연합하여 이들의 정보를 제공하기도 한다.

개별 기업의 문서, 10-K 보고서, 연례 보고서, 뉴스 보도는 기업의 웹사이트에서 확인할 수 있으며, 기업의 현금흐름, 재무상태표와 같은 특정한 정보를 확인하기에 좋다. 중개업체에서 작성하는 개별 기업과 업종의 리서치 보고서, 기업의 온라인 회의, 중개업체가 제공하는 외환, 주식, 상품 등에 대한 온라인 회의는 증권의 펀더멘털을 분석해주는 중요한 정보이다.

재무제표 확인하기

재무제표를 확인할 때는 먼저 연례 보고서부터 시작한다. 연례 보고서에서는 주주들에게 보내는 편지를 찾을 수 있는데, 여기에서는 기업이 무엇을 하고 있고, 앞으로 어떤 방향으로 나아가고 싶은지를 설명한다. 또한 기업 비즈니스의 성격을 설명한다. 손익계산서는 12개월 동안의 매출, 비용, 순이익을 알려준다. 재무상태표에는 기업이 가지고 있는 현금, 기업이 받아야 할 미수금, 고정자산이 표시된다. 고정자산이란 장비, 건물, 토지, 차량 등을 말한다. 또 특허나 상표 같은 지적재산권의 가치도 표시된다. 마지막으로 재무상태표에는 영업권과 같은 무형의 자산도 포함된다. 영업권은 전체 기업이 고객을 어떻게 대하고, 단골 고객의 가치를 보여주기 때문에 비즈니스에 시너지 효과를 가져온다. 재무상태표는 단기와 장기 채무에 대해서도 알려준다.

> **보고의 진실성**
>
> 기업의 재무 보고가 진실인지는 어떻게 알 수 있을까? 관련 규제는 모든 공개
> 된 기업에 공인 CPA 기업의 감사를 받도록 요구하고 있다. 회계사가 승인한
> 금융 보고서는 기업의 자부심이다. 물론 엔론Enron 사태와 같은 예외적인 경
> 우도 있다. 엔론의 금융 사기는 2001년과 2002년에 세상에 밝혀졌다.

마지막으로 재무상태표에서는 주주의 지분을 확인할 수 있다. 지분은 기업의 자체 지분과 타인 소유의 차이를 보여준다.

또 현금흐름표를 확인하는 것도 방법이다. 현금흐름표는 손익계산서와 같은 해에 기업에 들어오고 나가는 현금의 흐름을 보여준다. 현금흐름표는 기업이 내부의 성장을 위해서 필요한 현금을 어디에서 조달하는지를 알려준다. 현금은 일상적인 비즈니스에서 매출을 통해서 만들어질 수도 있고, 자산을 매각하여 얻을 수도 있으며, 채권이나 주식을 판매하여 얻을 수도 있다.

구조

자본총액은 기업의 시장가치를 나타낸다. 가장 간단하게 설명하면,

기업의 유통 주식 수와 가격을 곱한 다음 기업의 장기 채무를 뺀 것이
다. 이는 종종 기업의 구조라고 칭한다. 기업 지분의 가치와 채무의 관
계는 기업이 얼마나 보수적으로 구성되었는지를 보여주기 때문이다.
채무가 낮을수록 보수적이라고 할 수 있다. 경제가 둔화할 때(즉, 매출
이 줄고, 기업이 충분한 현금을 만들어내지 못한다), 이자 비용이 적기 때문
이다. 따라서 기업은 대출과 관련해 지출이 적은 상태이고, 기업의 운
영에 더 많은 돈을 쓸 수 있다. 기업의 자본 구조는 세심하게 계획된
다. 기업의 재무상태표에서 자본과 부채 사이에는 완벽한 균형이 이루
어져야 한다. 최적의 조합을 찾기 위한 공식이 바로 가중평균자본비
용Weighted Average Cost of Capital, WACC이다.

실적 보고가 이루어지는 어닝 시즌의 트레이딩

1년 중 데이 트레이딩이 어려운 시기가 있다. 그중 하나가 어닝 시즌이다. 어
닝 시즌은 기업이 분기별 보고를 하는 기간을 말한다. 어닝 시즌은 주로 1월,
4월, 7월, 10월인데, 기업은 예상 실적을 초과하기도 하고, 여기에 못 미치기
도 한다. 그때마다 주가는 과장되고 예측하지 못한 움직임을 보인다.

WACC는 부채의 비용과 기업의 세금에 따라서 달라진다. 부채를
낮추면, 부채에 대한 이자 지급도 줄어든다. 그러면 기업의 신용도는

개선되고, 신용도가 개선되면 향후 이자율을 더 낮출 수 있다. 그러면 이자 비용은 더욱 낮아지고, 기업의 재무는 더욱 건전해진다.

현금흐름은 매출, 자산의 판매, 외부에서 얻은 돈으로 성장을 위한 자금을 마련했는지를 보여준다. 물론 현금을 얻는 최선의 방법은 기업이 계속하고 있는 비즈니스의 운용을 통해서 벌어들이는 것이다. 이 항목은 현금흐름표에서 '영업 활동 현금흐름'으로 표시된다.

자산의 매각으로 인한 기업의 현금흐름은 투자를 통해서 벌어들인 돈을 알려준다. 즉 현금흐름은 일반적인 비즈니스로 돈을 벌었는지(예를 들어 애플이 아이패드, 컴퓨터, 아이폰을 팔아서 돈을 번 것이다) 혹은 자산의 매각을 통해서 벌었는지(예를 들어 애플이 어딘가에서 건물을 매각해서 돈을 번 것이다)를 보여준다. 다시 말하지만 기업의 일반적인 비즈니스를 통해서 돈을 버는 것이 최선이다. 기업이 제조업이든, 도매업이든, 소매업이든, 서비스업이든 비즈니스를 운영하고, 이러한 운영은 앞으로도 계속될 것이기 때문이다. 현금이 매분기, 매년 증가한다면 기업이 건전하다는 신호이다.

기업이 현금이나 수익을 위해서 자산을 매각한다는 것은 좋지 않은 신호이다. 더 이상 매각할 자산이 없다면 어떻게 되겠는가? 기업의 비즈니스가 지속 가능하기 위해서는 현금의 상당 부분을 비즈니스 운영에서 얻어야 한다.

EPS와 PER

주당순이익, 즉 EPS는 순수익을 유통 주식 수로 나눈 것이다. 기업이 1,000만 달러의 수익을 얻었고, 유통 주식 수가 1만 주라면, ESP는 10이다. 기업의 EPS는 1:6 다시 말해서 0.17(1/6) 달러부터 1:250, 1:500, 더 높을 수도 있다. 이제 막 창업한 기업이어서 벌어들인 돈이 별로 없다면 ESP는 수백 단위의 천문학적인 숫자가 된다. 믿기지 않을 수도 있겠지만 수익성이 낮은 기업이 시장에서 사랑받을 때가 있다. 주로 최첨단 기술을 사용하여 제품을 만들어서 전통적인 기업보다 수익성이 낮지만, 곧 수요가 증가하여 미래를 주도할 것이라고 판단할 때이다. 최첨단 기술을 가진 스타트업이 이런 종류에 속한다. 이런 종목은 하루에 5~10% 상승했다가 10~20%의 조정을 받는 것도 흔하다. 위험하다고? 맞는 말이다. 하지만 트레이더에게는 등락 폭이 클수록 좋다. 매일 이런 종목을 거래하면서 자동차 할부금과 주택담보 대출금을 갚고, 아이들의 학원비를 낼 수도 있을 것이다. 이런 기업이 실제 돈을 벌기 시작하면, 무슨 상관인가? 이런 종목이 나타나면, 전 세계 트레이더들의 마음을 사로잡는다.

주식이나 ETF의 가격을 확인하는 또 다른 방법은 PER을 확인하는 것이다. PER이란 주가를 수익으로 나눈 것이다. PER은 투자의 세계에서 다른 것과 비교해 특정 종목이나 ETF가 얼마나 비싼지를 말해준다.

숫자가 낮을수록 싼 주식이다. 주식이 일반적인 PER보다 크다면 같은 산업의 다른 주식보다 비싸다는 뜻이다. 같은 산업의 기업들은 대부분 동등하기 때문에 비슷한 PER을 가지므로, 비싼 주식은 쇼트 포지션의 좋은 대상일 수 있다. 특히 같은 등급의 다른 종목에 비해서 가격이 확연히 다른 종목은 과대평가되거나, 과소평가된 것이다.

매출 성장 측정하기

기업이 제대로 운영되고 있는지를 판단하는 또 다른 방법은 매출 성장을 확인하는 것이다. 기업의 매출 성장은 이전 3~5년을 보고 확인할 수 있다. 매출 성장을 확인할 수 있는 확실한 지표는 매출이 줄어서는 안 된다는 것이다. 매출이 줄고 있다면 제품이나 기업의 경영에 문제가 있는 것이다.

상품과 화폐의 펀더멘털

숫자의 의미

상품(원자재)의 상승과 하락은 주식의 등락과는 관계가 없다. 곡물, 금, 원유, 구리는 주식시장이 침체할 때 종종 상승한다. 따라서 주식시장이 침체하고, 트레이딩으로 돈을 남기기 어렵다는 생각이 들 때 수익성 좋은 트레이딩 대상이 된다.

상품 가격의 상승

1960년대 중반부터 1980년대까지 전 세계 주식시장은 상승하지 못했다. 하지만 상품시장은 상승했다. 주식이나 주식 선물과 달리 상품은 공급이 제한적이다. 전 세계 경제가 좋지 않으면 공급이 넘치고, 전 세계 경제가 호황이면 공급이 부족하다. 중국이나 인도 같은 개발도상국은 성장하는 산업 때문에 막대한 원자재를 요구한다. 중국은 가장 수요가 많은 국가이다. 소프트 상품과 곡물, 산업용 금속의 수요가 많다.

중국과 인도는 금을 사랑한다. 중국과 인도인들은 금을 부의 축적 수단으로 선호한다. 상품은 공급이 제한적이고 비탄력적이다. 반면 전 세계 돈의 공급은 계속 변화한다. 돈은 전 세계 중앙은행과 재무부의 활동에 따라서 공급이 늘어났다가 줄어든다.

전 세계 통화의 공급은 오랜 시간 파도처럼 늘어났다가 줄어든다. 예를 들어 2008년 경제 위기 중에는 전 세계 중앙은행이 돈의 공급을 크게 늘렸다. 일부의 사례에서는 돈의 공급이 기록적인 수준이었다.

금은 어떤 의미일까? 금도 돈의 일종으로 보아야 한다. 금으로 커피를 사 마시고, 집을 빌릴 수는 없다. 하지만 미국의 연방준비위원회는 유로, 엔, 다른 통화와 함께 금을 보유한다. 금이 통화이기 때문이다! 따라서 금은 탄력적이지 않고 공급도 제한되어 있지만, 달러나 다른 통화의 양이 늘면 상대적으로 유동적이지 않은 양의 금을 매입하는 데 필요한 달러, 유로, 엔화는 늘어난다. 통화가 늘면서 제한된 재화에 지불해야 하는 돈이 증가하고, 금과 부동산 같은 고정자산에 더 많은 돈을 내야 한다. 즉 가격이 상승한다. 고정된 재화의 공급에 더 많은 돈이 소요된다는 것은 재화의 가격이 상승한다는 것이다.

저금리는 상품 가격의 상승으로 이어진다

국가의 금리가 너무 낮으면 돈의 공급이 늘어난다는 뜻이다. 중앙은행이 금리를 낮추는 이유는 단 하나이다. 대출자들에게 낮은 이자로 돈을 빌려주기 위해서이다. 중앙은행은 사람들이 빌리고, 빌리고, 빌려서, 쓰고, 쓰고, 또 쓰기를 바란다. 경제가 침체하면 중앙은행은 누구나 돈을 빌릴만큼 대출이 싸지도록 금리를 낮춘다. 사람들은 돈을 빌려서 차와 옷을 사고, 집을 사고, 생필품을 구매한다. 뿐만 아니라 재화를 생산하고 판매를 위한 재고를 매입하기 위한 상업적인 대출도 늘어난다. 상업적인 대출은 수요를 충족시키기 위해 더 많은 재화를 매입하고, 재화를 생산하는 데 필요한 일자리가 창출된다. 백화점, 서점, 마트에서 일하는 근로자들은 고객의 구매가 늘어난 탓에 추가 업무를 해야 하고, 덕분에 급여도 늘어난다. 쓸 수 있는 돈도 많아진다. 아니면 돈을 쓰려고 더 많은 돈을 빌린다. 이런 도미노 효과는 매우 훌륭하게 작동한다.

상품을 트레이딩하려면 수요를 이해하고, 왜 수요가 늘어나는지를 알아야 한다. 상품이 수요와 함께 움직이기 때문이다. 어떤 상품은 경제가 호황인 달, 호황인 시기에 움직이고, 경제가 침체할 때 하락하거나 움직이지 않는다(그런데 경제 침체는 몇 년 동안 지속할 수도 있다!).

원유는 공급이 제한적이고, 새로운 원전을 찾는 것은 쉽지 않다. 원유는 전 세계에서 사용되고, 국가는 경제의 성장을 위해서 원유에 의존

한다. 천연가스는 전 세계에서 난방과 생산에 사용된다. 천연가스는 매장된 장소를 찾기도 어렵고 최종 소비자에게 제공하기도 어렵다. 금속에는 구리, 은, 철, 여타의 산업적인 금속이 포함되며, 수요도 많다. 워낙 수요가 많아서 철과 강철 스크랩(조각)을 중국으로 운반하는 스크랩산업의 규모도 엄청나다. 옥수수, 설탕 등의 곡물과 소프트 상품은 재생 가능하지만, 경제가 빠르게 성장할 때는 수요가 증가한다.

과거와 현재의 상품 트레이딩

1980년대와 1990년대에는 상품의 수요가 둔화했다. 그 결과 베어마켓으로 이어지며 전반적으로 가격이 하락했다. 상품은 저렴하게 여겨졌고, 1980년대와 1990년대의 베어마켓은 상품 생산 역량의 하락으로 이어졌다. 그런데 전 세계 경제가 팽창하기 시작하면서 가파른 공급과 수요의 불균형이 형성되었다. 돈이 공급되면서 상품을 매입하기위한 돈이 늘어나 수요와 공급이 불균형해졌다.

선물시장은 주로 전자적으로 거래되기 때문에 진입 장벽이 거의 없고, 전문 머니 매니저money manager, 상품 헤저(전문 금융 기업은 소형 항공사, 화물 기업, 작은 가족 기업이지만 원유와 관련 투자를 할 정도로 돈이 많은 기업 고객을 위해 상품을 헤지한다), 투기자들은 인터넷만 있으면 전 세계 어디에서나 상품을 거래할 수 있다. 상품시장은 전 세계적이고 국경이 없다. 좋은 사업이며, 트레이딩의 기본을 이해한다면 수익을 남길 수 있다.

통화시장의 펀더멘털

대부분의 통화는 시장의 힘에 따라서 다른 통화에 비해 가치가 상승하고 하락한다. 일부의 경우, 정부와 중앙은행은 시장에 개입하여 통화의 가치를 조정하려고 한다. 통화의 가치를 변화시키기 위해서 은행 간 시장interbank market에서 자국의 통화를 매도하거나 매입한다.

중앙은행이 자국 통화의 가치를 높이려고 할 때는 외한 보유고를 매도하고 자국의 통화를 매입한다. 이렇게 되면 자국의 통화 가격은 상승하고, 해외 통화의 가격은 하락한다. 중앙은행이 공개된 시장에서 통화를 매입하여 외환 보유고를 늘리면 해외 통화 대비 자국 통화의 양이 늘어나 자국의 통화가 하락한다. 이 과정을 양적 완화라고 한다. 2008~2009년의 금융위기에서 스위스 국제은행이 상당한 규모의 양적 완화를 실시한 적이 있다.

이런 정책과 관련된 다른 이벤트가 맞물리면서, 스위시Swissy 또는 CHF라고 지칭되는 스위스 프랑화는 유로화와 달러를 비롯해 다른 통화 대비 가치가 급등했다. 스위스 통화의 가격이 상승하면서 스위스의 수출국들은 당황했고, 스위스 경제는 둔화되었다. 스위스는 효율적으로 프랑화를 유로화와 연결하는 페그peg를 실행했고, 그 결과 스위스 프랑화는 유로와 연동되었다. 이 정책은 막대한 데이 트레이딩과 함께 활발한 시장 진입함으로써 이루어졌고, 스위스 프랑화는 유로와 고정된 환율로 거래되었다. 매우 어렵고 지속적인 조정이 필요한 작업이었다. 유로가 매일 변동했기 때문이었다. 하지만 유로화를 사용하는 유럽이 스위스의 주요 무역 대상이었기 때문에 최선의 방법이었다.

덕분이 유로 프랑화는 안정되었고, 낮은 금리의 통화가 되었다. 2015년 1월 15일 스위스 국가은행은 갑작스럽게 유로화에 대한 페그를 중단했다. 아무런 경고도 없이 이루어진 결정이었기 때문에 스위스 프랑화는 전 세계 통화 대비 급등했다. 통화 트레이더와 중개업체는 이처럼 갑작스럽고 급격한 가격의 변동으로부터 계좌를 보호할 수 없었기 때문에 하루아침에 파산했다. 트레이딩 하우스와 헤지펀드는 당시를 재앙에 가까운 사건이었다고 판단한다.

중국에서도 비슷한 일이 벌어졌었다. 중국 위완화가 미국 달러에 페그가 되어있는 상황에서 미국과의 무역으로 같은 환율을 유지할 수 없는 상황이 되자 중국은 달러 대비 위완화를 절상했다.

브레튼우즈Bretton Woods 협정과 금본위제도

브레튼우즈 시스템에서 미국 달러는 금과 연계되었다. 브레튼우즈 시스템은 제2차 세계대전 후 전쟁으로 황폐화한 유럽의 국가들이 돈을 제대로 공급하고, 주변 국가와 무역을 할 수 있도록 돕기 위해서 체결된 합의였다. 이들 국가의 환율은 고정되었으며, 미국의 달러가 곡물이나 원유 같은 전반적으로 요구되는 상품 가격의 기반이 되었다.

이들 국가는 필요한 상품을 구매하기 위해서 자국의 통화를 달러로 전환해야 했고, 환율은 매우 중요했다. 미국 달러 환율은 금 1온스당 가격은 35달러에 고정되었다. 결국 모든 통화가 금과 달러에, 그리로 서로 고정되는 결과로 이어졌다.

구매력 평가지수 Purchasing Power Parity

국가의 통화가 과대 혹은 과소평가되었는지를 확인하기 위해서 종종 사용되는 방법은 구매력 평가지수, PPP를 고려하는 것이다. PPP는 달러와 같은 기준 통화를 척도로 국가마다 동일한 재화를 구매하는 데 필요한 통화가 잘못 평가되었는지를 확인하는 것이다. PPP 지수는 영국의 월간지 「이코노미스트」에서 만든 용어인 '빅맥지수'라고도 불린다.

이코노미스트는 전 세계 여러 국가에서 맥도날드 빅맥의 가격을 기록해 독립적으로 PPP를 측정한다. 빅맥이 전 세계적으로 동일한 재화이기 때문에

PPP를 측정하는 데 있어서 유용하다는 생각에서 나온 이론이다. 특정 국가에서 빅맥의 가격이 다른 국가보다 높다면 이 국가의 통화가 빅맥이 저렴한 국가보다 과대평가되었다고 판단할 수 있다.

다른 국가가 보유하고 있는 달러를 미국 정부가 가진 금으로 교환할 수 있다. 미국이 1971년 브레튼우즈 협정을 파기하면서 브레튼우즈 시스템은 종료되었고, 달러는 더 이상 쉽게 금으로 교환할 수 없게 되었다. 소위 말하는 '금의 창문'이 닫히게 되었다. 전 세계 통화는 공급과 수요에 의해서 결정되는 유동적인 상태가 되었고, 통화의 가격은 당일에 결정되게 되었다. 어떤 국가의 통화가 다른 국가의 통화보다 과대평가되었는지, 혹은 과소평가되었는지를 판단하는 것은 매우 어렵다. 통화 시장은 짧게는 몇 달에서 많게는 몇 년에 걸쳐 과대평가와 과소평가되기를 반복한다.

펀더멘털의 문제점

펀더멘털 분석은 증권에 대비해 포지션을 구축하기 위한 훌륭한 출발점이다. 하지만 여기에 문제가 있다. 먼저 금융 분석을 위한 정보가

100% 정확하지 않을 수 있고, 정보가 너무 오래되었을 수도 있다. 두 번째로 기업의 추정 성장률이나 국가의 추정 PPP 등 증권의 분석에 사용되는 중요한 수치가 잘못되었을 수 있다. 마지막으로 펀더멘털과 관련된 정보와 추정에 사용된 수치가 사실이더라도 시장이 정보에 대응하는 데 시간이 걸릴 수 있다.

이런 잘못된 정보, 부정확한 추정, 시장의 지연이 결합하여 고심해서 만든 포지션이 수익을 내지 못하거나 의도한 결과로 이어지지 않을 수 있다. 펀더멘털 분석은 이런 단점에도 불구하고 데이 트레이딩을 고려할 때 중요한 요소이다. 펀더멘털을 읽고, 트레이딩 아이디어를 검색하고, 그다음에 차트를 읽어서 포지션을 설정하는 것에 따라서 데이 트레이딩의 질이 달라진다.

어떤 국가의 경제, 특정한 업종, 증권을 보고 큰 그림을 그린 다음, 기술적 분석으로 전환하여 가능한 진입 포인트와 종료 포인트를 설정하는 것을 톱다운top-down 접근법이라고 한다. 가장 성공한 투자은행과 헤지펀드들이 리스크 대비 높은 수익률을 추구할 때도 이 톱다운 방식을 사용한다. 톱다운 방식은 트레이더들을 증권 선택에 더욱 집중하도록 만들고, 수익률을 개선하고, 지식을 바탕으로 리스크를 관리할 수 있는 방법을 제공한다. 펀더멘털을 읽을 줄 알게 되면, 데이 트레이딩이 더욱 즐거워지고, 수익성도 높아질 것이다.

기술적 분석
차트와 파동, 라인

기술적 분석 없이 증권에 대한 분석은 완성되지 않는다. 이제 트레이딩을 막 시작하는 사람들에게는 복잡하게 느껴질 수 있지만, 꼭 배워야 하는 중요한 기술이다. 바 차트, 엘리어트 파동, 이동평균선은 시장을 분석하고, 포지션을 설정하고, 진입과 종료 포인트를 확인하도록 돕는다. 어떤 지표는 시장 전체에 대한 이야기를 들려주고, 어떤 지표는 특정한 업종과 증권에 관한 이야기를 들려준다. 펀더멘털 분석에 차트 분석을 결합하면 강력한 트레이딩 프로그램이 된다.

타이밍 접근법

펀더멘털은 경제적인 데이터를 분석하는 것이다. 기술적 분석은 지표를 보고 공급과 수요 데이터를 분석하는 것이다. 기술적 분석은 예측에 사용할 수 있다. 기술적 분석과 펀더멘털 분석을 결합하면 트레이딩에서 성공할 수 있다. 펀더멘털은 증권을 선정하기 위한 접근법을 사용하는 것이고, 차트는 타이밍 접근법을 사용하는 것이다.

증권 차트는 시간의 흐름에 따른 증권의 가격과 거래량의 순간을 포착한다. 가장 유용한 차트는 바 차트이다. 데이 트레이딩 소프트웨어나 인터넷에서 상업적으로 활용할 수 있는 웹사이트에서 바 차트를 확인할 수 있다.

차트 사용하기

차트와 기술적 정보의 가장 좋은 출처는 빅차트BigCharts, http://bigcharts.marketwatch.com/이다. 트레이딩 플랫폼에서도 차트를 불러와 차트 위에 추세선을 그릴 수 있다. 이런 소프트웨어를 제공하는 플랫폼에서는 매수 또는 매도 주문을 내고 싶은 포인트에 커서를 올려놓으면 작동된다. 이 방법은 차트에서 트레이딩을 시각화하는 데 도움이 된다.

차트는 원하는 기간에 맞게 조정할 수 있다. 전체적인 차트를 확인하려면 주간 차트를 살펴보자. 주간 차트에서는 한 주가 끝날 때의 종가를 확인할 수 있고, 1년 또는 그 이상의 기간을 확인할 수 있다.

데이 트레이딩을 위해서 단기간 동안 증권의 움직임을 더 자세히 살펴보려면 시간별 또는 15분 차트를 확인하도록 한다.

바 차트는 정해진 시간 동안의 최고가와 최저가를 보여주며, 이 시간 동안의 거래량도 확인할 수 있다. 거래량은 지지 수준과 저항 수준, 돌파를 확인할 수 있는 중요한 지표이다.

차트의 패턴과 다우 이론

일정 시간 동안의 막대 차트를 보면, 패턴을 확인할 수 있다. 패턴은 다양한 종류의 정보를 제공한다. 지지와 저항 패턴은 증권의 가격에 대한 트레이더들의 심리를 보여준다. 평균 저가와 최고가를 선으로 연결하면 증권의 지지와 저항을 확인할 수 있다. 상단의 선은 저항선이라고 한다. 돌파는 증권 가격이 저항선 위로 상승하는 것이다. 증권 가격이 저항선을 돌파할 때는 흥미진진함이 배가된다. 이런 저항선을 돌파할 때는 거래량이 평균 이상이 되면서 새로운 추세가 형성된다. 지지선은 증권 가격의 하단으로 가격이 지지선 아래로 하락하면 트레이더들은 증권을 매도한다.

지지선이나 저항선에서 거래량이 동반되면 많은 트레이더가 진입하거나 빠져나가고 있다는 뜻이다. 거래량과 함께 증권이 지지선이나 저항선을 벗어나면 일정 수준을 돌파한 것이라고 생각할 수 있다. 이 지점을 피봇 포인트pivot point라고 부르며, 피봇 포인트를 벗어나면 돌파를 시험하게 된다. 시장이 돌파를 재고하게 되면 증권 가격은 하락한다.

증권이 지지선과 저항선에 도달했을 때 움직임이 활발해지는 이유는 전 세계의 모든 데이 트레이더가 같은 선을 그리기 때문이다.

상당수의 트레이더가 저항선과 지지선을 중요하게 생각하며, 증권의 가격이 이 선에 도달하면 대응할 준비를 한다. 상승 삼각형 또는 하락 삼각형은 상단의 저항 포인트와 지지선을 연결한 것이다. 삼각형이 쐐기 모양이 되면 해당 방향으로 돌파가 이뤄질 가능성이 크다. 왜 쐐기 모양이 되는 것일까? 지지는 가치의 하락을 의미하고, 저항은 가치의 상승을 의미하기 때문이다.

갭

증권의 거래가 시작될 때, 이전 거래일의 종가보다 높게 또는 낮게 시작한다면 갭이 형성된다. 시장이 간밤의 뉴스에 대응할 때 주로 발생하는 현상이다.

다우 이론은 다우존스지수와 다우존스운송지수를 기준선으로 활용하여 향후 증권의 움직임을 예측하는 데 사용한다. 이 이론의 전제는 「월스트리트저널」의 창립자이자 최초의 편집자였던 찰스 다우Charles H. Dow가 개발한 것으로 시장의 시간, 일, 주간 움직임이 있다고 추정한다. 이러한 움직임은 모두 같은 방향이며(즉 상승 또는 하락이다), 거래량이 증가하면서 시장이 추세를 보여준다. 추세는 중단을 알리는 분명하고 명확한 신호가 있을 때까지 계속된다. 기술적 애널리스트들 중 상당수가 시장에서의 움직임을 설명하기 위해서 아직도 다우 이론을 활용하고 있다.

엘리어트 파동과 이동평균 편차

엘리어트 파동 이론은 증권의 향후 방향을 예측하기 위해서 과거의 정보를 활용한다. 엘리어트 파동 이론은 시장의 증권이 분명한 다섯 가지의 단계를 거친다고 추정한다. 이 다섯 가지 단계는 세 개의 구분된 파동을 만들어낸다. 불마켓에서는 파동이 계속 높아지다가 다섯 번째 파동에서 정점을 이룬다. 산이 세 개가 있고, 각 산에 상승과 하락이 있으며, 그 사이에 골짜기가 생기며, 각 골짜기는 매번 더 높아진다고 상상하면 된다. 베어마켓에서는 패턴이 반대로 나타난다.

엘리어트 파동 이론과 다우 이론의 단점은 각 단계가 쉽게 구분되지 않아서 판단하기 어렵다는 것이다. 예를 들어 네 번째 단계라고 생각했는데, 나중에 보면 세 번째, 아니면 두 번째 단계일 수도 있다. 엘리어트 파동 이론의 요소를 정확하게 해독하기는 쉽지 않다. 하지만 그렇다고 해서 이론의 가치를 무시해서는 안 된다. 많은 전문 트레이더가 데이 트레이딩의 전략으로 의존하는 지표이다.

지표

시장의 상승과 하락을 이해하는 데 도움이 되는 신호는 다양하다. 이러한 신호를 시장의 지표라고 한다. 현명한 데이 트레이더들이 특히 중요하게 생각하는 지표가 있다.

지표의 계산을 두려워해서는 안 된다. 200일 이동평균은 소프트웨어 프로그램에서 쉽게 그릴 수 있다. 일단 차트에 지표를 그리면, 차트를 새로운 시각에서 볼 수 있다.

40주 이동평균

기술적 분석가들은 증권의 가격을 40주 이동평균과 연결해 참조한다. 40주 이동평균이란 과거 40주 동안의 종가를 40주로 나눈 것이다.

처음 시작하는 이들을 위한 최소한의 데이 트레이딩 이해하기

각 주의 수치에 이전 주의 수치를 추가하고, 이전의 수치를 제외하기 때문에 이동평균이라고 부른다. 평균을 구하면서, 증권의 종가에 대한 시각이 가다듬어지는 효과가 있다. 40주 이동평균은 200일 이동평균 이라고도 불린다.

50일 이동평균

또 다른 유용한 차트는 50일 이동평균이다. 증권의 움직임을 특정 하는 것은 추세를 확인하고, 증권의 이동평균의 편차로 측정하는 것이 목적이다. 50일 이동평균은 증권의 종가를 10주 동안의 이동평균으로 나누어서 구한다. 많은 전문 데이 트레이더들이 50일 이동평균으로 증 권의 변동성을 분석한다. 이 방법은 새로운 추세를 확인하고, 종목이 과매수(가격이 너무 높은지) 혹은 과매도(가격이 너무 낮은지) 상태인지를 확인하기 위해 사용한다. 50일 이동평균은 장기적인 관점을 얻는 데 도움이 된다.

스토캐스틱Stochastic

또 다른 유용한 지표로 스토캐스틱이 있다. 스토캐스틱은 개별 종목 이나 시장지수의 가격 속도를 기술적으로 설정된 기준 지수와 비교하 여 비율로 측정한 것이다. 다시 말하면 시장 전체S&P 500와 비교하여 개별 종목의 상승 움직임을 비율로 나타낸다. 만약 XYZ 종목이 하루 동안 3% 상승했고, S&P 500 지수가 2% 상승했다면 이 종목의 스토캐스틱은 (3%-2%)÷2%=50% 또는 스토캐스틱 50이 된다.

스토캐스틱 비율이 높을수록 증권의 가격은 지수와의 관계가 긴밀해진다. 스토캐스틱이 0이라면 가격이 바닥에 있다는 것이고 스토캐스틱이 100%라면 이 증권이나 지수가 범위의 상단에 있다는 것이다.

그 외의 지표

그 외의 차트, 기술적 지표, 돈의 공급

기술적 분석은 바 차트이건 캔들 차트이건 차트를 읽는 것을 기본으로 한다. 또한 기술적 지표를 읽고 해석해야 한다.

만약 여러 가지 기술적 지표를 그룹화했는데 추세처럼 보이는 것이 확인되었고, 차트와 펀더멘털이 같은 사실을 알려주고 있다면 시장의 진입 포인트와 종료 포인트를 찾아낼 수 있다. 여기에서는 상대적으로 덜 알려져 있지만 트레이딩을 설정하는 데 도움이 될 수 있는 지표를 소개하려고 한다.

상대적 강도와 캔들 차트

유명한 잡지인 「인베스터 비즈니스 데일리Investor's Business Daily」는 증권의 상대적 강도를 발표한다. 증권의 상대적 강도는 1년 동안 증권의 상대적 가격을 다른 모든 증권과 비교하도록 설계되었다. 상대적 강도가 80 이상이라면 특별한 것으로 간주해야 한다.

캔들 차트는 바 차트와 비슷하다. 가장 중요한 차이점은 어떤 정보를 보여주느냐는 것이다. 캔들 차트는 당일에 고가와 저가를 보여주고 시작가와 종가를 보여준다. 또 다른 차이는 하루의 종가가 하루의 시가보다 낮은지 혹은 높은지를 보여준다는 것이다. 캔들 차트는 색깔로 나타난다. 종가가 시가보다 높으면 붉은색으로 나타나고, 종가가 시가보다 낮으면 파란색으로 나타난다. 캔들 차트의 패턴을 설명하는 다양한 용어가 있다. 그런데 캔들 차트는 사용하기에 너무 복잡하다는 전문가들의 의견도 많다. 차트나 비율 지표가 너무 복잡하다고 생각한다면 자신의 마음에 맞는 차트 시스템과 지표를 사용하도록 한다. 데이 트레이딩만으로도 어려운데 더 복잡해질 이유는 없다.

기술적 지표

기술적 지표는 데이 트레이더들에게 최고의 친구이다. 지표가 매번 맞는 것은 아니지만 지표를 공부하면 확실히 도움이 된다.

기술적 지표는 비즈니스 정보, 투자자의 활동, 시장의 움직임에서 추론할 수 있다. 여러 가지 기술적 지표를 한 번에 사용하는 것이 최선이고, 이들 기술적 지표가 같은 이야기를 들려주고 있다면 중요한 정보로 활용해야 한다는 점을 유념해야 한다.

돈의 공급

첫 번째 기술적 지표는 돈의 공급과 관련이 있다. 돈의 공급이란 말 그대로 유통되는 돈의 양을 측정한 것이다. 여기에는 종이화폐와 전자화폐가 모두 포함되며, 유통되는 현금 수표와 저축, 상업적인 어음이 포함된다(M1, M2, M3라고 부르며 숫자가 적을수록 기본 형태의 돈, 즉 유통되는 현금이다). 한 국가의 재무부 또는 중앙은행의 팽창 정책으로 인해서 돈의 공급이 늘어나면 사람들이 물건을 사는 데 사용할 수 있는 돈의 양이 늘어난다.

돈의 공급 지표는 매달 계산되며 매년 상승과 감소를 나타낸다. 이 수치는 소비자 가격 지수로 조정되어 인플레이션의 영향을 반영하게 된다. 돈의 공급 지표는 100으로 시작하여 M2에 변화가 있을 때마다 비율을 추가하고 소비자 가격 지수의 변동을 차감한다. 이렇게 얻은 수치는 한 달 동안의 돈의 공급을 보여준다. 이 수치가 100 이하라면 인플레이션보다 돈이 적게 공급된 것이다. 이럴 때면 역사적으로 주가는 큰 변화를 보이지 않았다. 만약 상황이 반전되고, 돈의 공급 지표가 100을 넘어서면 주가는 상승한다.

> **돈과 증권의 가격**
> 사람들은 사용할 수 있는 돈이 늘어나면 증권을 매입하는 경향이 있다. 제2차 세계대전 이후 60년 동안 진행된 한 연구에 따르면 돈의 공급이 확대되면 증권의 가격은 상승하는 것으로 입증되었다.

그 외의 지표

시장 전체의 상대적 가치는 S&P 500의 주당 평균 수익의 비율을 미국 재무부의 90일 채권의 수익률과 비교하여 측정할 수 있다. 이 지표는 주당순이익/재무부 단기 채권의 비율이라고 한다. S&P 500 지수 1주당 12개월의 상승세를 지수의 평균 가격으로 나눈 다음 재무부 90일 채권의 현재 수익률로 나누어서 구할 수 있다. 대략적으로 이 수치가 1.19 이상이라면 증권을 사야 할 때라는 뜻이다. 만약 수치가 0.91 미만이 되면 증권을 팔아야 할 때이다(정확하게는 1:1.9와 1:0.91이지만 1.19와 0.91로 줄여서 말한다).

또 다른 지표는 단기 이자 지표라고 불린다. 미국의 전체 시장은 매일 아침 단기 금리를 보고한다. 이 보고서는 투자자와 트레이더가 쇼트 포지션으로 보유하고 있는 주식의 양을 보여준다. 따라서 얼마나 많은 사람이 앞으로 주식시장이 하락할 것이라고 생각하는지 보여줄 뿐 아니라, 해당 시점에 시장이 가지고 있는 구매력을 보여준다. 이 수치는 비율로 보고되거나 시장의 1일 거래량에 대한 단기 금리로 보고된다. 수치가 1:0 이하라면 약세 지표이고, 2:0 혹은 그 이상이라면 역사적으로 주식 매수 지표로 판단되었다.

다양한 지표의 활용

시장과 증권을 분석할 때 하나 또는 두 가지의 지표를 활용하는 것에 그쳐서는 안 된다. 여러 가지 지표와 바 차트, 펀더멘털 분석을 함께 사용하는 것이 시장에 대한 결론을 내리기 위한 최선이다.

CBOE 변동성 지수

트레이더들을 긴장하게 만들고 시장이 민감하게 만드는 또 다른 지표는 CBOE의 변동성 지수이다. CBOE 변동성 지수는 VIX 지수라고도 불린다. VIX 지수는 장중 지표로서 트레이더와 투자자들이 시장에 대해서 가지고 있는 감정을 보여주는 데 유용하다. VIX가 높으면 시장의 부정적인 감정이 팽배한 것이다. 평균적으로 VIX는 15에서 25 사이다. 2008년부터 2009년까지 금융위기에서는 VIX 지수가 80까지 상승했다. 시장이 감정적 소용돌이에 휘말렸으며, 공포가 시장을 지배했다는 뜻이다. 2014년부터 2017년까지 불마켓에서 VIX 지수는 12에서 18 사이였으며, 종종 몇 주 동안이나 10 이하로 하락했다.

시장의 폭, 진동, 그 외

암즈 인덱스Arms Index는 거래량에 따라서 등락을 거듭하는 뉴욕 증권 거래소의 주식 수를 확인하여 주식시장의 상황을 파악하는 지수이다. 지수가 10 이하라면 매수자들이 많고, 10 이상이면 매도자들이 많은 것이다. 이 지수를 좀 더 정확하게 활용하려면 암즈 인덱스의 10일 이동평균을 활용한다.

단주 지표, 뮤추얼펀드의 현금 보유, 소매 고객들의 마진 거래, 기업 경영자의 내부 주식 매수와 매도 등 다양한 지표가 있다. 만약 국가의 시장 섹터를 선택하기 위해서 톱다운 접근방식과 펀더멘털 분석을 사용하고 있다면, 만약 국가, 시장, 업종, 증권을 선택하기 위해서 톱다운 방식과 펀더멘털 분석을 사용하기 시작했다면, 이러한 정보를 기술적 분석과 결합할 수 있을 것이다.

과매수와 과매도는 무슨 뜻일까?

기술적 분석이 과매수를 나타내고 있다면 증권의 가격이 너무 빨리 올랐고, 곧 하락할 가능성이 있다는 뜻이다. 과매도의 경우 그 반대가 된다. 증권은 너무 빨리 하락했고, 곧 반등할 가능성이 있다는 뜻이다.

CHAPTER 8

고급
데이 트레이딩

일단 기본적인 데이 트레이딩을 시작했다면 이번에는 한 단계 더 거듭날 때이다. 더 정확한 트레이딩 설정 목표를 활용하고, 익숙하지 않은 시장을 시험해보고, 수익을 벌어들이기 쉬운 날만 트레이딩하도록 훈련할 수도 있다. 데이 트레이딩의 이론은 동일하다. 다만 더 높은 수준으로 기술을 적용하는 것뿐이다.

이번 장에서는 기술을 발전시키고 지금까지 배운 것을 한층 더 풍성하게 만드는 방법에 대해서 설명하겠다.

트레이딩을 찾는 방법
고수익을 위한 설정

더 높은 수익을 위해서 설정하기 트레이딩 세계에서 중요한 격언 중 하나는 "아무것도 하지 않고 돈을 벌도록 하라"는 것이다. 이 격언은 트레이더들이 부주의한 트레이딩으로 자주 돈을 잃는다는 의미이다. 종합증권사를 이용하지 않거나 계좌의 구조상 수수료가 매우 낮은 것을 감안하더라도, 트레이딩에 대해 생각하지 않고 자주 매수하고 매도하는 트레이더들이 있다. 더 좋지 않은 경우는 지루해서 트레이딩을 하거나, 재미를 위해 트레이딩하는 것이다. 트레이딩 포지션을 고심해서 설정하지 않고 무작정 트레이딩하는 것은 경력을 망치는 빠른 길이다.

포지션 설정하기

트레이딩에서 수익을 남기기 위한 기본적인 두 가지는 좋은 포지션을 설정하고 여유 자금을 활용하는 것이다. 돈과 마진에 대해 고심하지 않고, 위험하게 만들어진 포지션에 진입하면 돈과 마진이 묶이고 돈을 잃을 가능성도 커진다. 가장 큰 목적은 돈을 지키는 것이다. 그리고 두 번째 목적은 돈을 버는 것이다. 재미나 실험을 위해서 트레이딩을 해서는 안 된다. 올바른 방식으로 트레이딩을 한다면 언제나 돈과 마진이 준비되어 있을 것이고, 좋은 포지션이 나타났을 때 투자할 수 있게 된다. 트레이딩을 시작하기 전에 가장 최선의 대상을 찾아야 한다.

휴식이 필요한 날

시장이 정체되어 있거나, 횡보하고 있거나, 좋은 포지션을 설정하라는 신호를 주지 않을 때도 있다. 이럴 때는 트레이딩을 하지 않고 좋은 대상을 찾는 노력만을 계속하는 것이 좋다. 과거의 트레이딩을 복기하고 시장을 관찰한다. 경험이 많은 숙련된 트레이더는 아침에 장이 개장했을 때 포지션을 설정할 수 없다면 아예 하루를 쉬기도 한다. 이들의 논리는 나쁜 트레이딩이나, 정체된 시장에서 돈을 잃지 않으면 다음 트레이딩에서 돈을 사용할 수 있다는 것이다. 이러한 시장에서는 트레이딩을 하지 않아도 된다. 매일 트레이딩을 할 필요는 없다. 시장은 언제나 열려 있다. 몇 주 동안 트레이딩을 쉬는 트레이더들도 있다. 어떤 트레이더들은 몇 주 동안 쉬면서 현금을 보유한 채 차트를 검색하고 새로운 포지션을 찾으면서 이자를 받는다. 이러한 트레이더들은 막대한 자금을 수익성이 높은 대상에만 투입하기 때문에 트레이딩 횟수가 적다. 좋은 투자 포지션을 찾을 때까지 기다리는 것은 계좌의 수익을 지키고 손실을 막는 좋은 방법이다.

정체된 시장에서 돈이 묶이거나 수익을 내지 못하는 트레이딩을 할 때가 좋은 트레이딩을 하고 수익을 낼 때보다 더 많다. 트레이딩은 하나 이상의 낚싯대를 사용해서 낚시를 하는 것과 비슷하다. 미끼는 낚싯대뿐이며 낚싯대를 드리우고 물가에 앉아서 물고기를 기다려야 한다. 좋은 트레이딩을 찾는다면 수익을 남길 수 있다. 빠르게 수익을 얻을 수 있는 좋은 포지션을 찾았을 때만 시장에 진입하도록 한다.

처음에는 트레이딩을 하지 않고 바라보기만 하는 것이 비효율적이라고 비생산적이라고 생각할 수 있다. 하지만 시간과 경험이 쌓이면 수익성이 낮은 트레이딩을 자주 하는 것은 오히려 돈을 벌지 못하며, 심지어 손실을 입게 된다는 사실을 알게 될 것이다. 상황이 좋지 않아 시장에서 물러나 있을 때는 모의 계좌를 이용해 이용하여 트레이딩을 훈련하는 것이 좋다. 트레이딩의 욕구를 충족시키면서 동시에 다양한 시나리오로 트레이딩하는 법을 훈련할 수 있을 것이다.

새로운 시장의 경험

두세 달에 한 번씩 새로운 시장을 경험해보는 것도 도움이 된다. 새로운 패턴과 새로운 추세를 찾을 수 있고, 기분이 전환될 것이다. 대부분의 사람은 포지션 설정을 위해서 두세 가지의 시나리오만 번갈아 사용하곤 한다. 당신도 가장 좋아하는 통화쌍, ETF 상품이 있을지도 모른다. 한동안 시장에서 트레이딩을 했다면 트레이더들이 흔히 그렇듯 지루함을 겪을 수도 있다. 어쩌면 일반 증권이 아닌 다른 무언가를 찾고 싶을지도 모른다. 누구나 처음 트레이딩을 했을 때의 흥미진진함을 다시 느끼고 싶어 한다. 불행하게도 리스크를 더 많이 감수하거나 특히 레버리지를 높여서 다시 흥미를 돋우려고 한다. 이럴 때면 다른 섹터 또는 같은 섹터에서 다른 부분으로 전환하는 것이 최선이다. 그러면 다시 흥미가 생길 것이다.

지금까지 ETF를 거래해왔다면 상품 선물 트레이딩을 시작해보자. 혹은 지금까지 친숙해졌던 통화쌍이 아닌 다른 펀더멘털의 통화쌍을 연구해보자. 분위기를 전환하는 또 다른 방법도 있다. 다른 트레이딩 정보의 출처를 찾아보거나, 새로운 신문을 구독하거나, 새로운 잡지를 구독하는 것이다. 한 달 정도 휴식을 취하는 것도 시각을 바꿀 수 있는 방법이다. 트레이딩에 익숙해지면 리스크가 아무것도 아닌 것처럼 여겨질 때가 있다. 계좌로 번 돈을 가지고 휴가를 떠나서 풍족하게 돈을 쓰고 돌아오는 것도 좋다. 이것만으로도 너무 많은 리스크를 감수하지 않고 수익성 있는 트레이딩을 위해 더 노력할 수 있게 된다. 믿기지 않을지도 모르지만, 계좌로 벌어들인 돈은 처음의 시드머니만큼이나 소중하다.

짜릿함을 원하는가, 아니면 데이 트레이딩을 즐기는가

짜릿함을 원하는 사람은 과도한 리스크를 감수한다. 이런 사람들은 리스크를 즐기고, 짜릿함을 위해서 리스크를 짊어진다. 반대로 트레이딩을 즐기는 사람은 리스크를 계산하고 시장을 존중한다.

진입 포인트 잡기
피라미드 시스템을 사용한다

앞에서도 설명했지만 피라미드 시스템은 세 개의 구간으로 트레이딩을 구분하고, 이를 통해 이론적으로 세 개의 가격 수준을 얻을 수 있게 된다. 투자의 달러 비용 평균법과 비슷하지만 세 개의 트레이딩은 그룹화하지 않으며 서로 분리된다.

트레이딩에 대한 결정을 내리기

효율적으로 피라미드 시스템을 사용하면 일단 잠재적인 트레이딩의 가능성을 확인할 수 있게 된다. 두 번째로는 계좌에 맞는 포지션의 크기를 판단하기 위해서 리스크를 계산할 수 있다. 그다음에는 증권을 보유하고 있는 기간 동안 세 개의 트레이딩에 나누어서 돈을 배분한다. 만약 ETF를 매입하고 트레이딩 포지션이 단 몇 시간만 지속될 것이라고 판단했다면 포지션을 시작하기 위한 첫 번째 지점에서 자금의 3분의 1을 투입하면 된다. DIA(다우 다이아몬즈 트러스트 ETF의 종목 코드이다)를 거래하고 130에서 매수를 시작한다면, 전체 거래 금액의 3분의 1을 이 가격에 투입하면 된다. 다우 30의 이동과 함께 DIA 가격이 등락하면 유리하다고 생각하는 지점에서 나머지 3분의 1을 투입한다.

트레이딩 기간 동안 다우 30이 상승하면 두 번째와 세 번째의 매입은 첫 번째 매입 지점보다 낮을 필요는 없다. 이 시스템은 증권의 가격이 하락할 때 진입 포인트를 구분하기 위한 것이다. 그러면 더 낮은 가격에서 추가로 자본을 투입할 수 있기 때문이다. 세 가지의 가격이 다르기 때문에 리스크 관리에 여유가 생기고, 하락하는 시장에서 노출을 줄이는 데 도움이 된다.

마지막으로 자금을 투입하기가 심리적으로 더 쉽다. 시장의 기회를 잘못 파악했고, 시장이 당신과 다른 방향으로 움직인다고 하더라도 더 낮은 가격에서 자금을 투입하기 때문에 심리적으로 부담이 작다.

트레이딩 종료하기

피라미드 시스템은 트레이딩을 종료할 때도 사용할 수 있다. 전체 포지션을 세 개로 나눈다. 전체 포지션이 수익이기 때문에 세 번의 트레이딩으로 나누어서 포지션을 정리하면 된다. 수익을 세 번에 나누어서 얻게 되지만, 증권이 추가 상승한다면 더 많은 수익을 얻을 수 있다. 증권이 상승하는 동안 두 번째로 매도하고, 마지막 3분의 1은 다음 구간까지 남겨 놓는다. 세 번에 나누어서 매수하고 세 번에 나누어서 매도하는 방법은 훌륭한 리스크 관리 도구이다. 트레이딩의 비용이 시간과 여러 가격에 배분되고 포지션을 위해 요구되는 전체 비용이 줄이는 효과가 있다. 한편 포지션을 정리할 때는 이동하는 시장에서 추가 수익을 얻을 수 있는 유연성이 생긴다.

포지션은 몇 개가 좋을까?

처음 트레이딩을 시작할 때는 포지션을 하나부터 세 개 이하로 유지하는 것이 도움이 된다. 처음 데이 트레이딩을 시작했기 때문에 성공적이고 수익을 남길 수 있는 트레이딩의 시장 지표를 파악하고 이해하는 법을 배우는 중이기 때문이다. 예를 들어 단기 및 장기 차트와 시장의 뉴스를 모니터링하고 있고, 동시에 전체 시장의 추세와 증권과 경제 펀더멘털의 큰 그림 정보를 기억해야 한다.

트레이딩의 개수를 최소한으로 유지하면 시장의 상황에 모두 대응하고 시장 상황이 트레이딩과 어떻게 연결되는지를 파악할 수 있는 충분한 시간을 갖게 된다. 처음에는 시장이 움직이고, 시장 포지션 혹은 선물 포지션이 등락하는 것을 보게 되면 가슴이 설레는 것과 동시에 압도당할 수도 있다. 당신의 계좌에 진짜 돈이 들어 있다는 사실을 깨닫는 데 약간의 시간이 걸린다. 마찬가지로 트레이딩으로 돈을 벌고 잃는 것에 대한 감정을 느끼는 방법을 배우는 데도 약간의 시간이 걸린다.

트레이딩 화면의 모든 정보를 이해하는 데도 시간이 소요된다. 이제막 트레이딩을 시작했고, 동시에 너무 많은 정보가 쏟아진다면, 쉽게 지치고 트레이딩의 종료 포인트에 도달하기도 전에 트레이딩을 종료해야 할 수도 있다. 포지션을 세 개 이하로 유지하면 트레이딩을 종료한 후 분석할 수 있는 시간이 생긴다. 처음의 목적은 다양한 정보와 상황에서 스스로를 훈련할 수 있을 정도로 충분한 트레이딩과 포지션을 가지는 것이다. 너무 많은 상황이 동시다발적으로 발생하여 좋은 트레이딩의 기회를 놓치고, 너무 많은 정보로 혼란스러워하는 상황을 원하지는 않을 것이다.

포지션 늘리기

세 개의 포지션으로 데이 트레이딩이 친숙해지면 조금씩 전체 포지션을 늘리도록 한다. 하지만 포지션과 마진을 많이 사용하면, 손실을 기록했을 때 더 많은 돈을 잃을 위험이 있다.

예를 들어 당신이 통화쌍 5개와 상품(금 ETF), 주식S&P EFT을 트레이딩하고 있다고 가정해보자. 통화는 50:1의 마진으로 설정되었고, 다음과 같은 리스크 관리 매개변수를 사용했다. 총 FX 포지션은 트레이딩 당시 사용 가능한 마진의 33%를 초과하지 않는다. 금 ETF와 S&P ETF 계좌는 50% 마진을 모두 활용했다. 당신은 트레이딩 섹터에서 추가적인 다변화 기술을 활용해야겠다는 생각에 3분의 1은 상품, 3분의 1은 주식, 3분의 1은 외환으로 포트폴리오를 구성했다.

이렇게 하면 트레이딩 계좌에 들어 있는 총현금 1만 달러에 대해 4,995달러는 상품(금 EFT)에, 4,995달러는 주식S&P ETF에, 통화쌍과

교차에 각각 1만 1,088.90달러를 투자할 수 있다.

다음은 마진의 사용과 각 포지션에 투입된 비용을 나타낸 것이다.

금 ETF 33.3%×1.5 마진×데이 트레이딩 계좌의 총현금 1만 달러 =4,995달러

S&P ETF 33.3%×1.5 마진×1만 달러=4,995달러

통화쌍 33.3%×50:1 마진×이용 가능한 총외환 마진 33.33%=1만 1,088.90달러

고급 리스크 관리 기술

마진으로 리스크 관리하기

매우 세련되게 포트폴리오의 리스크를 최소화할 수 있다. 가장 최고의 수준은 포트폴리오의 리스크 헤지로 리스크를 관리하는 것이다. 리스크 헤지는 시장의 수익을 확보하면서도 부정적인 리스크를 견딜 수 있도록 포트폴리오를 구성하는 것이다. 여기에서는 추가적인 리스크 관리 방법과 헤지에 대해서 설명하려고 한다.

포지션 분리하기

리스크 관리 기술은 시장의 롱 포지션, 쇼트 포지션, 중립적인 포지션을 다시 세 개로 분리하는 것이다. 3분의 1은 시장의 롱 포지션에 할

당하며, 여기에서는 S&P ETF, AUD/JPY, AUD/USD와 USD/SEK
에 대한 롱 포지션으로 구축한다. 그다음 3분의 1은 쇼트 포지션을 구
축하는데, 금 ETF, AUD/JPY, USD/SEK에 대해 쇼트 포지션을 구축
한다.

금을 쇼트 포지션으로 잡아야 할까?

금은 시장이 좋지 않거나, 나아가 시장이 공포에 휩싸일 때 상승한다는 사
실을 잊어서는 안 된다. 그렇다면 금에 대해 쇼트 포지션을 잡아야 할까? 좋
은 질문이다. 금을 안전한 투자처로 생각하고 시장이 하락할 때 헤지의 방식
으로 활용하는 것이 더 쉽다. 트레이딩의 가격이 상승하고 하락할 때 빠져나
오기는 쉽지 않다. 이 점을 염두에 두고 금을 시장이 좋지 않을 때 돈을 벌 수
있는 방법으로 생각하자.

세 번째는 소프트 상품, 곡물, 중립적인 편향을 가진 외환쌍EUR/SEK,
EUR/CHF, EUR/NOK, AUD/NZD, USD/SGD과 같은 중립적 중립 포지션이다.
여기에서도 다변화가 가능하다. 이처럼 시장에는 롱 포지션과 쇼트 포
지션, 그리고 중립 포지션이 존재한다. 시장 안에서 이 세 개의 포지션
을 더욱 다변화할 수 있다. 기억하자. 다변화는 매우 중요하며 절대 잊
지 말아야 한다!

UBS 다이내믹 알파Dynamic Alpha, BNACX와 같은 시장의 중립적인

글로벌 매크로 스타일에 대안적인 투자 뮤추얼펀드를 매입하여 리스크를 추가로 관리할 수 있다. 다이내믹 알파는 헤지펀드로 운영되는 뮤추얼펀드이며, 리스크를 중립화하고, 시장의 중립적인 편향을 제공하기 위해서 파생상품을 대대적으로 활용한다. 대안적인 투자 펀드를 데이 트레이딩 계좌의 상승과 하락 폭이 너무 깊어지지 않도록 만드는 완충제로 고려하자. 중립적이고 대안적인 헤지펀드 스타일의 뮤추얼펀드 포지션은 중장기로 유지할 수 있으며, 전체 포트폴리오의 약 10%를 차지하면 된다. 이 10%가 중기의 트레이딩 목표에 대한 중기의 헤지로 작용할 것이다.

매일 데이 트레이팅을 하는 동안 계좌가 매일매일 등락을 거듭하고, 매달 등락을 거듭한다는 사실을 잊지 말자. 이 10%는 다변화의 도구로서 작동할 것이다. 전문적인 트레이더는 자신의 계좌에서 이 10%를 닻으로 활용해 리스크를 더욱 줄이고 계좌를 더욱 다변화할 수 있다.

순익, 손실, 구매력

계좌의 총구매력은 계속해서 변화한다. 시장의 등락에 따라서 트레이딩의 가치가 함께 상승하고, 하락하기 때문이다. 선물, 상품, 외환 등 레버리지를 많이 사용하는 트레이딩에 있어서 총구매력은 계좌의 포지션 수와 포지션 수익에 상당한 영향을 받는다. 처음 포지션을 매입 또는 매도할 때 현금과 마진을 모두 사용하게 될 것이다. 트레이딩이 수익이라면, 수익만큼 마진이 추가로 주어진다.

트레이딩의 수익은 추가 마진과 함께 더 많은 포지션을 매수 또는 매도할 수 있도록 해준다. 마진은 포지션을 만들 수 있고, 실현되지 않은 수익은 계좌를 불려주기 때문이다. 계좌의 가치가 높아졌기 때문에 더 많은 마진을 활용할 수 있게 되고, 따라서 구매력이 높아진다.

더 많은 비율의 마진 활용하기

외환 또는 선물 계좌는 큰 마진을 사용할 수 있지만, 수익이 발생하면 더 큰 마진을 활용할 수 있고, 그래서 더 큰 구매력이 생긴다. 예를 들어 외환 계좌에 1만 달러를 가지고 있다고 가정해보자. 그런데 당신의 트레이딩 중 하나가 마진 거래로 2,000달러를 사용하고 있고 50:1의 마진을 사용하여 총 10만 달러의 포지션을 갖게 되었다. 이 트레이딩이 수익이 되면 더 많은 마진을 사용할 수 있다. 예를 들어서 트레이딩의 수익이 2%라고 하면 2,000달러의 수익을 기록하게 된다. 그러면 이 늘어난 금액이 계좌에 추가된다. 새로운 2,000달러를 50:1의 마진으로 또다시 트레이딩한다면, 10만 달러어치의 외환을 또 거래할 수 있게 된다. 이 과정이 계속 반복되면 더 큰 마진을 사용하게 되어 트레이딩의 포지션이 어마어마하게 커진다.

결국에는 실제 수익을 거둬들이기 전에 트레이딩 중에 수익으로 여러 개의 포지션을 가질 수 있게 된다. 하지만 높은 마진을 사용할 때의 트레이딩 철학과 스타일에 문제가 있다. 바로 리스크를 확대한다는 것이다. 레버리지를 계속 곱하는 방식으로 얻을 수 있는 수익과 금액이 인상적인 만큼 시장이 당신과 다른 방향으로 움직일 때의 손실은 끔찍하다. 외환시장이 하락하면 당신이 가지고 있던 포지션은 즉각 영향을 받는다. 계좌는 레버리지의 무게 때문에 붕괴할 수도 있다.

헤지펀드나 주요 금융기관들도 리스크 관리가 부족할 경우 이러한 문제를 겪게 된다. 이 방식은 제대로 한다면 단기간에 많은 수익을 올릴 수 있다(종종 자동으로 수익을 올리게 된다). 하지만 계좌를 파괴하기도 한다.

매수 포인트를 포착하기 위한 프로그램 트레이딩

트레이딩 설정 검색하기

트레이딩을 훌륭하게 설정하고, 수동으로 트레이딩을 시작하는 방법에 숙달되면, 그다음은 소프트웨어를 이용한 프로그래밍으로 매수 포인트 잡는 법을 배워야 한다. 자동화된 방식은 트레이딩 중에 손이 약간 덜 가게 해주기 때문이다. 하지만 뉴스를 듣고, 잡지를 읽고, 펀더멘털을 분석하고, 기술적인 지표를 확인해야 하여 포지션을 설정해야 한다는 사실에는 변함이 없다.

자동화 트레이딩 시작하기

일단 좋은 트레이딩과 수익 가능성을 발견한 다음에는 좋은 진입 포인트를 잡아야 한다. 하지만 일단 주문을 통해 시장에 진입해야 한다. 어디에서든 원하는 지점에서 시장에 진입할 수 있어야 한다.

트레이딩 플랫폼에서 주문할 수 있는 포지션의 크기를 제한해놓으면, 당신이 해야 할 일은 정해놓은 가격 또는 그보다 좋은 가격에 증권이 도달했을 때 트레이딩을 시작하면 된다. 높은 수익을 위해서 미리 시간과 최선의 가격을 결정한다. 만약 ETF가 48달러이고, 46.25달러 또는 더 좋은 가격에 트레이딩을 시작하고 싶다면 이 가격에 제한된 수의 주문을 걸어 놓는다. 소프트웨어는 중개인에게 주문이 걸려 있다고 알려줄 것이다.

ETF가 이 가격이 되면 당신의 주문은 자동으로 실행된다. 꼭 이 시간에 책상 앞에 붙어 있을 필요가 없어진다.

> **시간 설정하기**
> 트레이딩 플랫폼에서 자동으로 진입 포인트를 설정해놓은 다음에는 주문이 유효한 시간을 설정할 수 있다. 예를 들어 일주일 동안 주문이 유효하도록 설정한다. 만약 한 주가 지났는데 주문이 실행되지 않는다면 주문은 자동으로 취소된다. 주문을 기입한다는 것은 정확하게는 중개업체가 공식적으로 당신을 위해서 당신의 계좌로 ETF, 주식, 외환쌍을 트레이딩을 한다는 것이다. 사실 주문은 당신이 하는 것이다. 하지만 주문이 실행되지 않을 수도 있다. 예를 들어 거래일이 거의 끝날 때 주문을 넣은 후 장이 마감할 수도 있다. 장이

마감되기 직전에는 트레이딩이 활발하기 때문에 실제 자주 일어나는 일이다. 장의 마지막 순간에 매도하거나 매수하려고 한다면 실패할 수도 있다.

트레이딩 플랫폼에서 자동 매수와 자동 매도 기능을 짝지어 놓을 수도 있다. 예를 들어 46.25달러에 매수하고, 48.25달러에 매도하도록 설정한다. 그러면 주식이 이 가격에 도달하면 자동으로 주문이 실행될 것이다. 주문을 수동으로 종료하거나 취소하지 않으면 자동으로 실행된다. 분석은 가능한 직접 해야 하고, 포지션과 데이 트레이딩을 설정하는 것도 직접 해야 한다. 하지만 주문은 자동화할 수 있다.

트레이딩을 시작하고 종료하는 것은 자동화할 수 있지만, 언제 매수하고 매도할지는 당신의 생각이어야 한다. 일부 플랫폼, 특히 외환 플랫폼은 완전 자동화 트레이딩을 제공한다. 봇bot 또는 로봇이라고 불리는 기능인데, 100~500달러까지 매수를 설정할 수 있다. 기능은 잘 짜인 알고리즘을 사용하며, 직접 외환 플랫폼에 업로드된다. 완전 또는 부분 자동화가 가능하며, 트레이딩의 지점을 파악하기 위해서 기술적 지표를 읽도록 프로그램된다. 흥미로운 기능이어서 가끔은 완전 자동화로 전환하고 싶을 것이다. 하지만 완전 자동화는 피하도록 한다. 그래야만 직접 트레이딩을 설정하기 위한 기술적 지표를 읽는 법을 배울 수 있다. 또한 차트에서 로봇이 무엇을 보는지를 좇을 수 있다. 시장을 배우고, 좋은 트레이딩이 있을 때 컴퓨터가 도움이 되도록 만드는 방법도 배울 수 있다. 하지만 트레이딩 지점과 시기를 파악하는 것은 당신 자신이어야 한다.

트레이딩을 해야 하는 지점과 시기를 알려주는 전용 신호를 제공하여 상당한 수익을 올릴 수 있다고 광고하는 기업이 많다. 당신의 목적은 당신의 계좌를 소유하고, 데이 트레이딩의 수익과 손실을 당신의 것으로 만드는 것이다. 직접 결정을 내려야 데이 트레이딩으로 생활하고, 전문적으로 트레이딩하고, 수익을 만들 수 있다.

수익 실현 포인트 설정하기

손절매 주문의 효과적인 사용

자동화 트레이딩의 중요한 요소는 손절매 주문을 적절하게 사용하는 것이다. 손절매 주문은 트레이딩을 시작할 때 플랫폼에 자동화된 매도 주문을 프로그래밍하는 것이다. 계좌의 리스크를 비율로 계산하여 진입 가격보다 아래에 손절매 주문을 걸어 놓을 수 있다. 예를 들어 50달러에 ETF QQQQ(나스닥 100 트러스트)를 매수했고, 45달러에 손절매 주문을 설정했다. QQQQ가 45달러가 되면 손절매 주문은 자동으로 종목을 매도하여 손실을 5~10%로 제한할 것이다.

만약 트레이딩의 진입 가격보다 10% 낮게 손절매 지점을 설정하면, 전체 손실을 10%로 막게 된다. 트레이딩할 수 있는 자산의 100%를 사용하고 있고, 포지션이 10개라면, 10개의 포지션이 모두 연속으로 손실을 기록해 깡통 계좌가 되지 않도록 막아준다. 예를 들어 당신이

100만 달러의 계좌를 가지고 있고, 10개 포지션에 10만 달러씩을 투자했다고 가정해보자. 진입 가격보다 10% 낮은 가격에 손절매 주문을 설정하면 포지션이 1만 달러를 잃었을 때 플랫폼이 자동으로 포지션을 매도할 것이다. 10개의 포지션이 모두 잘못되어 자동으로 매도되었다면 전체 손실은 10만 달러×10%=1만 달러×10개의 트레이딩=10만 달러가 된다. 전체 계좌의 10%이다. 자동화 시스템으로 전체 손실을 10%로 줄인 것이다. 만약 이 규모로 100번 이상 연속해서 트레이딩에 실패한다면 깡통 계좌가 된다(트레이딩 비용은 제외했을 때이다).

손절매는 방어적인 리스크 관리 방법이다. 공격적인 리스크 관리 기술은 미리 정해진 수익 지점에서 자동으로 포지션을 매도하도록 트레이딩 플랫폼을 설정하는 것이다. 이렇게 하면 수익을 확보하고, 각 트레이딩에서 벌어들이고 싶은 돈을 계획하는 데 도움이 된다. 예를 들어 진입 지점에서 10% 높은 가격에 증권을 자동 매도하도록 트레이딩 플랫폼을 프로그램할 수 있다. 실제 트레이딩을 시작하기 전에 가격이나 비율로 매도 가격을 정할 수 있다. 미리 금액이나 비율로 매도 창에 매도 가격을 설정하고, 그다음에 트레이딩을 시작하도록 하자. 그리고 자동으로 매도가 이루어지도록 기다리자.

카지노처럼 데이 트레이딩을 운용한다

다음을 생각해보길 바란다. 시장이 완전히 무작위이고, 변동적이고, 많은 요소의 영향을 받는다고 믿는다면, 카지노처럼 데이 트레이딩을 운영하는 것을 철학으로 삼는다. 카지노는 하우스에게 유리한 확률로 돈을 번다. 만약 게임 테이블의 확률이 2:3이라면, 게임을 하는 사람이 두 번 이길 때마다 카지노는 세 번 이긴다. 만약 당신이 스스로를 카지노라고 생각하고 시장이 완전히 무작위적이며 게임의 법칙을 따른다고 믿는다면(일부에서는 실제 그렇게 믿는다), 확률을 자신에게 유리하게 끌고 가야 한다. 2:3의 확률을 바란다면, 여기에 맞게 손절매 주문을 설정하고 높은 쪽이 수익 실현이 되도록 설정한다.

예를 들어 QQQQ를 50달러에 매입했고, 손절매를 이 가격에서 4% 낮은 가격에 설정했다. 그러면 순익은 진입 가격에서 6%가 되도록 한다(2:3의 비율이다). 시장이 완전히 무작위적이라면 트레이딩마다 자동으로 2%를 얻게 된다(4% 손실, 6% 수익이라면 순익은 2%이다). 무작위인 시장이 자신에게 유리하게 만들려면 많은 트레이딩에서 평균의 순익을 기록해야 한다. 전용 연습/모의 계좌로 실험하면 도움이 될 것이다.

감정과 트레이딩
감정 극복하기

데이 트레이딩을 하다 보면 시장에서 돈을 잃고, 벌 때마다 감정에 흔들리는 경험을 하게 될 것이다. 자신의 감정을 다스릴 수 있다면, 다른 트레이더들의 감정을 이용할 수 있게 된다. 시장에 화가 났을 때는 판단력이 흐려질 수 있으므로 트레이딩을 하지 않도록 한다. 리스크와 보상의 균형을 잡고, 리스크를 제한하는 방법을 이해하고 관리해야 한다.

돈을 벌고 잃을 때의 감정

시장에서 벌어들이는 돈은 자부심을 느끼게 하고, 살아 있다는 기분을 느끼게 하며, 시장을 통제하고 있는 것처럼 생각하게 만든다. 정신적 에너지와 지식을 사용하고, 컴퓨터를 통해서 돈을 복리로 불리면서 생겨나는 일종의 화학작용이다.

당신의 트레이딩은 대부분 훌륭하게 설정되고 계획되며, 가끔은 매우 높은 수익을 벌어들일 것이다. 높은 수익은 마법과 같다. 당신이 계획한 것이지만, 생각보다 더 좋은 결과가 나온 것이다. 트레이딩을 시작하고, 종료하고, 수익을 실현하는 사이클을 마치면, 손쉽게 돈을 번 것처럼 느껴질 것이다. 트레이딩의 함정에 빠지지 않도록 조심해야 한다.

성공의 희열

시장에서 수익을 올리면 종종 무에서 유를 창조한 것처럼 느껴질 것이다. 이 때문에 대형 투자은행의 일부 트레이더가 '세상의 마스터'라고 불리기도 한다.

자본 소득

트레이딩으로 번 돈은 기술적으로 자본 소득이 아니다. 소득세에 있어서 트레이딩으로 번 돈은 일반 소득으로 분류된다. 한 번의 트레이딩(트레이딩을 시작하고, 보유하고, 종료할 때까지)은 1년이 걸리지 않는 단기 소득이기 때문이다.

트레이딩이 계획과 지식을 기반으로 실행되지만, 여기에는 예측할 수 없는 요소의 작용도 있었다는 사실을 잊지 말아야 한다. 이 사실을 기억하면 감정적인 만족을 위해서가 아니라 성공을 위해서 트레이딩을 할 수 있을 것이다.

물론 트레이딩을 하면서 돈을 벌면 기분이 좋다. 감정은 트레이딩을 계속하게 만들어야 하지만, 자만심에 빠져서 판단력이 흐려지고, 더욱 위험한 수준을 추구하도록 만들어서는 안 된다. 대규모의 트레이딩 후에는 잠시 시장에서 벗어나라고 권하는 것도 이 때문이다.

큰돈을 벌면 감정이 고조되는 것처럼, 큰 손실이나 계속 손실을 입어 계좌가 큰 손해를 보면 낙담하게 된다. 손절매, 피라미드, 포지션의 크기 제한과 같은 리스크 관리 절차를 따르면, 여전히 감정은 상하겠지만 그나마 돈은 지킬 수 있다. 여기에서 한발 더 나아가 여유 자금으로 트레이딩하고, 집세와 같은 생활비를 사용하지 않았다면, 경제적인 압박감은 없을 것이다.

감정은 트레이딩 게임의 명판과 같다. 가능한 사업가와 같은 생각으로 냉철하게 트레이딩하고, 동시에 시장의 승리와 실패에 감정적으로 휘둘리지 말아야 한다.

마음과 반대로

전문적인 트레이딩을 위해서는 감정이 흔들릴 때 논리적으로 생각하는 법을 배워야 한다. 어떤 때는 트레이딩을 어떻게 해야 할지를 알면서도 마음이 그 반대로 움직인다. 학습하고 훈련받은 것을 감정에서 분리하면, 제멋대로인 시장에서 수익을 올릴 수 있다.

예를 들어 2009년 봄에 S&P는 시장의 압박과 금융위기로 며칠 만에 몇 퍼센트나 하락했다. 대부분의 트레이더와 투자자는 모든 업종에서 동시에 돈을 뺐고, 전 세계 시장은 더욱 빠르게 하락했다. 이때 트레이딩을 했었다면 돈을 지키기 힘들었을 것이고, 안전하게 현금을 보유하고 싶은 마음이 굴뚝같았을 것이다. 논리적으로 생각해보면 약간의 리스크를 측정하여 감수하고, 적은 돈으로 레버리지를 많이 사용하여 S&P 선물에 대해 롱 포지션을 구축해야 할 때였다.

얼마 지나지 않아 S&P는 한 번의 트레이딩 기간 동안 10% 이상 상승했다. 시장에서 예측되는 반응과 반대로 트레이딩을 했다면 큰 수익을 올렸을 것이다. 이 경우는 극단적인 예이지만, 많은 전문 트레이더는 최고의 수익 전에 시장이 매우 부정적인 신호를 보낸다는 사실에 동의한다.

훈련을 믿으세요

감정과 반대로 행동하기 위해서는 지금까지 훈련한 대로 행동하고, 이성적으로 행동해야 한다. 시장이 본질적으로 반응적이고 감정적이라는 사실을 알고 있다면, 종종 트레이딩의 세상에 흐르는 부정적인 감정을 활용할 수 있을 것이다. 가장 흔한 부정적인 감정은 공포와 탐욕이다. 공포는 악재 속에서 돈을 잃을 것이라는 감정이고, 탐욕은 일반적인 성장 이상의 시장에 남아 있고 싶은 마음이다. 논리적으로 생각하고, 일반적인 마음과 반대로 하면, 상당한 수익을 얻을 것이다. 언제나 적절한 리스크 관리를 활용하면서 가능한 이성적으로 기회를 활용해야 한다.

세계의 일부 대형 투자은행과 헤지펀드는 극단적으로 통계와 고도의 수학, 수학적 논리를 바탕으로 결과를 예측하고 컴퓨터 프로그램과 자동화를 통해 주문을 실행하기 위한 시도를 한다. 극단적인 경우이지만, 여기에서 힌트를 얻을 수 있다. 전 세계 시장은 감정적인 동물이기 때문에 순수하게 논리를 사용하고, 냉철함을 유지하기는 쉽지 않다. 그렇게 할 수만 있다면 당신의 트레이딩 계좌의 수익은 상당히 높아질 것이다!

처음 시작하는 이들을 위한 최소한의 데이 트레이딩 이해하기

과열 트레이딩
시장에 귀를 기울이기

시장에 귀를 기울이면서 기술을 연마할 수 있다. 시장에 관한 정보를 얻기 위한 출처는 다양하다. 얼마나 많은 정보를 얻어야 하고, 정보의 출처는 무엇이고, 정보의 질은 어떤지에 대해 의문을 가져야 한다. 중개인인지, TV인지, 아니면 인터넷에서 얻은 정보인지를 확인해야 한다. 정보가 데이 트레이딩에 어떤 도움을 언제, 어떻게 줄 것인지도 판단해야 한다.

사람들의 훈수

사람들은 금융, 시장, 데이 트레이딩에 관해 어떻게 해야 한다고 저

마다 말하곤 한다. 시장의 예측과 경제는 완전한 과학이 아니어서 최선
에 대한 생각과 아이디어가 다르기 때문이다.

정보의 출처 중 어떤 것을 수용할지 선택하는 법을 알아야 한다. 시
장이 과열이고, 매일 트레이딩을 하면 자연스럽게 경제와 시장에 대해
서 생각하게 될 것이다. 무엇보다 당신이 전문가가 되어야 한다. 「월스
트리트저널」을 읽고, CNBC를 보고, 중개인의 보고서를 참조하면서 트
레이딩에 참여할 수 있는 정보를 찾아낼 수 있어야 한다.

압박

중개업체는 중개인들에게 고객을 찾으라고 압박한다. 2년 동안 새롭고 투자
가능한 자산으로 100만 달러를 할당하는 훈련 프로그램을 가진 업체도 있
다. 훈련을 받은 이 중개인들은 당신의 계좌에 눈독을 들이고 있을 것이다.
이런 업체를 상대할 때는 조심해야 한다.

감정을 고려한다

여러분이 다루는 대상이 시장이라는 것을 잊지 말자. 정보 출처의
대부분은 사실과 논리를 다루지만 시장은 비논리적인 동물이다. 모든
투자자와 트레이더가 돈을 다루기 때문이다. 돈 때문에 두려움과 탐욕

의 감정들이 생겨난다. 시장의 참여자 대부분이 지식을 바탕으로 베팅한다는 사실이 군중심리와 결합하면 시장은 감정적이고 비논리적이된다. 시장을 거대한 카지노라고 생각하고, 자신은 도박을 하는 사람이라고 생각하면 도움이 된다. 카지노에는 너무나 변수가 많아서 정보로 모든 것을 예측할 수 있다고 생각하는 것은 어리석다. 투자은행의 대형 양적 헤지펀드와 트레이딩 데스크는 감정에 의해 움직이는 예측 불가능한 시장에 논리, 통계, 수학을 적용하려고 한다. 당신이 스스로를 진정한 독립적 데이 트레이더라고 생각한다면 정보에서 벗어나고, 정보를 소음으로 생각하고, 다른 시장의 참여자들이 생각과 시각, 감정을 확인할 수 있어야 한다.

생각해봐야 하는 질문

누군가 시장에 대해서 (아니면 돈에 대해서) 말하는 것을 듣고 이유를 생각해봐야 한다.

- 뉴스에 대해서 이 사람이 한 이야기는 사실이라고 생각하고 말한 것일까? 아니면 그냥 시간을 때우려고 한 이야기일까?
- 잡지의 기사는 정말 중요할까? 아니면 지면을 채우기 위한 것일까?

- 이 사람은 나쁜 경험이 있어서 부정적이었을까? 나도 같은 경험을 할 것이라는 뜻일까?
- 사실에 기반을 둔 보도를 얼마나 많이 읽었는가?
- 사실일까?
- 연구자의 이전 경력은 어떤가?
- 시장의 생각에 관심을 두어야 할까?

당신이 물품을 구매하려고 하거나, 건물을 지으려고 하청업체의 고용을 고려하고 있다면, 스스로 계획을 짜지 않을까? 아무리 공짜라고 하더라도 길에서 주은 나무와 못을 사용하겠는가? 엉뚱하게 물품의 질이 좋은지 치과의사에게 묻겠는가? 반드시 기억해야 할 것은 당신의 돈이라는 사실이다. 자신의 시각에 자신감을 가지고, 신뢰할 수 있는 정보를 선택해야 한다.

고급 리스크
리스크 vs 보상

종종 보상을 얻기 위해서 리스크를 감수해야 한다고 말한다. 하지만 이 말은 반만 맞는다. 한 번의 리스크에서 얻을 수 있는 보상의 양이 제한 되어 있고, 다변화를 통해서 리스크를 줄이고 수익을 높여야 하는 문제 가 남는다. 리스크를 제한하고, 보상을 높이는 개념은 현대적인 포트폴 리오 이론이다.

1952년 해리 마코위츠Harry Markowitz가 「포트폴리오 선택」이라는 제목의 보고서에서 처음 소개한 것이다. 여기에서 마코위츠는 하나의 증권을 선택하지 않고, 서로 관련이 없는 증권으로 포트폴리오를 만들 면 리스크를 줄일 수 있다는 사실을 수학적으로 증명했다. 서로 관련 이 있다는 것은 다른 시장과 업종, 개별 종목과 금융상품이 모두 동일 한 비율로 상승하거나 하락한다는 뜻이다. 마코위츠는 관련성을 그리스 알파벳 베타로 표현했다. 다른 시장과 100% 함께 움직이는 증권은 베타 점수가 1.0, 절반만 함께 움직이는 시장은 0.5, 시장 평균의 두 배로 움직이는 시장은 2.0으로 표시했다.

현대 포트폴리오 이론

현대 포트폴리오 이론Modern Portfolio theory, MPT는 다양한 추정을 기반으로 한다. 이들 중 하나는 자산 간의 관계가 고정되고, 영원히 지속적이라는 추정이다. 현대 포트폴리오 이론은 2008~2009년의 금융위기에서 시험에 들었다. 당시 대부분의 시장과 자산의 베타가 서로 연관되었는데, 그 결과 많은 트레이더와 투자자는 다변화하지 않는 포트폴리오를 가지게 되었다.

변동성의 감소

전반적인 계좌의 가치를 생각해보자. 당신의 계좌는 중개업체의 계좌이고, 하나의 거대한 포트폴리오이다. 전체 포트폴리오에서 낮은 베타의 증권을 추가해도 높은 수준의 수익 가능성을 가질 수 있다. 포지션에는 S&P 500 포지션, 상품, 시장에 민감한 외환 포지션, 시장에 중립적인 외환 포지션이 포함될 수 있다. 베타로 측정된 다양한 리스크 '버킷'을 사용하면 고위험, 고수익, 높은 베타 포지션을 포함하여 전체 포트폴리오를 구성할 수 있다. 그리고 중간 정도의 위험, 베타 포지션으로 구성할 수도 있으며, 낮은 위험과 베타 포지션으로 구성할 수도 있다. 약간의 수학을 사용하면 베타를 계산하여 수치를 조정할 수 있다. 베타를 1.0 이하로 유지하면서 이상적인 수익 가능성을 확보하기 위해서이다. 이렇게 하면 전체 시장이라고 할 수 있는 S&P 500 포지션 거래만큼이나 리스크를 낮출 수 있다.

문제는 포지션의 실질적인 베타를 측정하는 것이다. 주식과 ETF의 베타는 금융 웹사이트에서 쉽게 확인할 수 있다. 다른 경우에는 연구와 노력이 필요하다. 그런데 대용물을 이용해서 베타를 측정할 수 있다. 예를 들어 트레이딩할 수 있는 통화 ETF의 일부를 확인하여 외환 통화쌍 또는 선물의 베타를 추론할 수 있다. 약간의 연습을 통해 다른 업종의 베타를 추정하는 법도 배울 수 있다. 고도의 트레이딩 구독 서비스 중에는 모든 자산과 업종 대부분의 베타를 제공하는 곳도 있다.

리스크 한계를 확인하기

포지션으로 포트폴리오를 구성하거나 개별 트레이딩을 실행할 때, 자신이 얼마나 리스크를 감당할 수 있는지를 알아야 한다. 데이 트레이딩을 처음 시작할 때는 전략을 조율하고 리스크가 낮은 트레이딩만 하고 싶은 생각이 들 것이다. 처음 시작할 때는 포지션을 구축하고, 너무 빠르고 변동성이 크며 위험한 트레이딩을 하지 않도록 충분한 시간을 가지는 것이 중요하다. 이렇게 하면 시장의 뉴스와 상황에 반응하여 트레이딩을 생각할 수 있는 정신적 여유를 갖게 된다.

> **리스크 제한하기**
>
> 데이 트레이딩을 하면 리스크를 제한하는 것은 그다지 어렵지 않다. 포트폴리오에서 현금을 남겨 두고, 서로 관계가 없는 세 가지의 자산을 트레이딩하고, 수익성이 있는 롱 포지션으로만 트레이딩하면 된다.

트레이딩을 단출하게 만들고, 리스크를 회피하면 트레이딩의 속도가 느려진다. 이렇게 하면 데이 트레이딩이 더 편안하고 즐거워진다. 빠르게 움직이는 시장에서 진짜 돈으로 데이 트레이딩을 하는 것은 스트레스와 압박이 느껴지는 일이다. 리스크를 제한하여 이런 요인들을 완화하는 법을 배운다면 데이 트레이딩의 경험을 긍정적으로 유지하고, 학습하고, 계속 발전시켜 나갈 수 있게 된다. 마진을 많이 사용하거나, 친숙하지 않은 업종에서 트레이딩하거나, 많은 돈으로 트레이딩해야 한다고 생각할 필요는 없다. 적은 돈을 가지고 최소한의 리스크로 트레이딩 하는 것이 좋다면, 그것으로 족하다. 일단 시장의 뉴스를 분석하고, 펀더멘털을 연구하고, 차트를 읽고, 데이 트레이딩을 성공적으로 실행하게 되면 위험 선호도를 높여 높은 수익을 올리기가 쉬워진다.

준비가 되었을 때 포트폴리오에 높은 리스크를 수용할 수 있다. 트레이딩 거래액을 늘리고, 트레이딩의 포지션 수를 늘리고, 더 복잡한 트레이딩 기술을 사용할 수 있다.

리스크 인내심

자신이 얼마나 리스크를 감당할 수 있는지를 알고, 그 경계 안에서 머무르는 것이 핵심이다. 불편하다면 굳이 큰 리스크를 감수할 필요는 없다. 주식과 ETF를 거래하는 것으로도 충분하다. 상품, 선물, 외환시장에 진입하기를 원치 않는다면 주식과 ETF의 제한된 리스크와 수익만으로도 충분할 것이다. 리스크 수준을 제한하여 데이 트레이딩을 즐기고, 돈을 벌고, 그 수익에 기뻐한다고 해서 진정한 데이 트레이더가 아니라고 생각할 필요는 없다. 다른 데이 트레이더들이 더 많이 노력한다고 해서 당신보다 더 나은 데이 트레이더라는 뜻은 아니다. 문제를 겪는 다른 트레이더들은 너무 많은 것을 기대하기 때문일 수 있다. 복잡한 상업적 시스템을 가지고 있고 소액의 계좌로 너무 많은 수익을 바라기 때문인지도 모른다.

데이 트레이드는 삶을 향상시키고, 즐거움을 주고, 지적 자극이 되고, 수익을 남겨야 한다. 트레이딩으로 계좌에 나쁜 영향이 미칠까 전전긍긍하면서 삶을 뒤집어 놓을 필요는 없다. 또한 정신적 고통을 겪을 필요도 없다! 작고 단출하게 유지하라. 그리고 원한다면 계좌를 위험 지향적인 구조로 구축하도록 한다.

빠른 트레이딩
스캘핑scalping과 스와팅swatting

다른 종류의 데이 트레이딩이 있다. 모든 데이 트레이딩을 수익을 남기는 것이 목적이다. 하지만 각 트레이딩에 소요되는 시간과 사용하는 계좌의 정도가 다르다. 예를 들어서 스캘핑은 적은 돈을 매우 빠르게 이곳저곳에 트레이딩 하는 기술이다. 한 번의 트레이딩에서 10분 이상을 소요하지 않는다. 트레이딩 기간 동안 소액의 수익을 올릴 목적으로 동시에 3~5개의 포지션을 운영한다. 저녁에 가볍게 트레이딩을 할 수 있는 방법이기도 하다. 저녁 뉴스를 보면서 노트북으로 외환 트레이딩을 짧게 하는 식이다. 소액으로 하지만 스캘핑은 재미있고 수익성이 좋다. 각 트레이딩에 총구매력의 5% 미만을 사용한다. 5~6개의 포지션을 운영하며 동시에 33% 이상의 구매력을 사용해서는 안 된다.

여러 증권의 차트를 번갈아 보는 것은 가능하다. 다만 차트의 단기 구간을 확인해야 한다. 추세를 확인하기 위해서 5분 차트를 보고, 트레이딩을 시작한 후 15~30초의 차트로 전환한다.

트레이딩을 진행하는 방법

가장 좋은 방법은 주문 상자를 연 다음, 화면의 한 쪽으로 치우고 차트를 위한 공간을 만드는 것이다. 15초 또는 30초 차트를 보면서 트레이딩의 속도가 느려지고 시장이 호흡을 고르는 순간을 찾는다. 그 다음에는 증권의 단위, 레버리지 비율, 롱 또는 쇼트 포지션을 포함하여 주문 정보를 기입하고 매수 버튼을 누른다.

당신이 기다려야 할 것은 증권이 원래의 가격에서 갑자기 멀어지는 순간이다. 움직임이 처음 시작될 때 주문하고, 움직임이 끝날 때 매도

하는 것이 최선이다. 대부분의 트레이딩 설정은 펀더멘털과 기술적 분석을 요구하지만, 스캘핑은 아니다. 전반적인 펀더멘털과 기술적 지표와 관계없이 단기 이동을 포착해야 한다. 적은 돈으로 몇 분 동안 트레이딩하기 때문에 안전하고 재미있으며, 약간의 추가 수익을 빠르게 얻을 수 있는 방법이다. 영화를 보면서 돈을 벌 수도 있다.

트레이딩하는 시간이 짧을수록 증권 움직임의 정도는 작다. 단 몇 분 동안 짧게 트레이딩할 때, 증권은 어떤 방향으로도 드라마틱하게 움직이지 않는다. 짧은 시간 동안 작은 움직임을 보완하기 위해서는 마진과 금액을 크게 설정한다. 이렇게 초단기 트레이딩은 바벨을 머리에 이고 스쿼트를 하는 것과 비슷하다고 생각하면 된다. 무거운 중량을 들었지만 짧고 빠르며 깔끔한 동작으로 움직일 수 있다. 스쿼트의 목적은 무거운 중량을 짧은 시간 동안 들어 올리는 것이다. 스쿼트는 오래 할 수 있는 운동이 아니다. 이렇게 생각하면 평상시보다 더 많은 마진과 금액을 사용하여 증권이 잠깐 상승하는 동안 트레이딩을 해야 한다(여기에서 마진과 돈은 중량과 같다). 트레이딩의 무게가 충분하다면 짧은 시간 동안 훌륭한 수익을 얻을 수 있다.

하지만 스캘핑 때문에 많은 돈이 트레이딩에 묶일 수 있다는 것도 사실이다. 스캘핑은 트레이딩마다 소액을 사용하고, 증권, 업종, 시장의 편형적인 다변화를 활용하는 일반적인 리스크 관리 기술에 위배된다.

많은 돈과 높은 마진을 사용할 때는 수정된 리스크 관리 방식을 사용해야 한다. 이때는 한 번에 하나 또는 두 개의 포지션과 구축하고, 조밀한 손절매 기법을 사용해야 한다.

단기 트레이딩에는 어느 정도의 마진과 현금을 사용해야 할까?

초단기 트레이딩을 위한 마진과 현금의 결합은 사용할 수 있는 전체 마진과 현금의 3분의 1을 넘어서는 안 된다. 계좌에 1만 달러가 있다면, 스캘핑을 할 때 1~3개의 포지션에 3,300달러 이상을 할당해서는 안 된다.

타이트한 손절매 기법을 사용한다는 것은 매입 가격에 매우 가까운 지점에 트레이딩 종료 포지션을 프로그램한다는 뜻이다. 트레이딩을 하기 전에 수익 실현 주문과 손절매 주문을 프로그래밍되어 있으며, 미리 트레이딩으로 벌어들일 수익을 결정한다(거래 비용을 제외한 수익을 결정해야 한다). 트레이딩에 사용한 자본에 비해 수익은 적을 수 있다. 여기에서의 목표는 5분이나 10분, 또는 그보다 더 짧은 시간 동안 빠르게 수익을 벌어들이는 것이다.

이렇게 단기간 트레이딩을 하는 동안, 시장은 천천히 방향성을 구축할 것이다. 스캘핑을 하면서 트레이딩 플랫폼의 수익 지표에서 눈을 떼서는 안 된다. 곧바로 트레이딩을 완료한다는 생각으로 시작과 동시에 종료 화면을 주시하도록 한다. 오래 트레이딩할수록 다른 트레이더

들이 당신의 포지션과 반대로 움직일 위험이 커진다. 트레이딩은 시간에 따라 움직이기 때문에 트레이딩을 짧게 할수록 움직일 가능성은 작아진다. 그 결과 손실이 날 가능성도 작아진다. 트레이딩이 길어질수록 손실의 가능성은 커진다. 빨리 진입하고 탈출하는 것이 최선이다. 만약 가격이 움직이지 않거나 시장이 계속해서 숨을 고르고 있다면, 곧바로 트레이딩에서 빠져나오도록 한다.

짧은 시간이 리스크를 완전히 없애지 못하더라도 줄여준다는 사실을 명심하길 바란다. 몇 분 내에 트레이딩이 이루어지지 않는다면 바로 포지션을 종료해야 한다. 이때 잃는 것은 거래 비용뿐이다. 계좌를 위험에 빠뜨리는 것보다는 적은 비용이다.

오버나이트 트레이딩, 장기 트레이딩

해외 시장 트레이딩

데이 트레이딩은 100% 현금으로 시작해서 100% 현금으로 끝난다. 하지만 밤 동안 진행되는 다른 종류의 트레이딩도 있다. 선물과 외환 계좌가 여기에 속한다. 밤 동안 트레이딩을 하기 위해서는 반대편에 열려 있는 시장을 살펴보아야 한다. 미국 시장은 아침 일찍 개장해서 오후 일찍 폐장한다.

아시아와 유럽 시장의 신호와 지표는 밤늦게 얻을 수 있다. 밤 동안 효율적으로 트레이딩하기 위해서는 저녁에 매수와 매도 주문을 프로그래밍한다. 당신이 잠을 자는 동안 프로그램은 매수와 매도 포인트에서 자동으로 트레이딩을 진행할 것이다. 어떤 트레이더들은 주문이 제대로 실행되었는지를 확인하기 위해서 미국 시장이 개장하기 전에 아침 일찍 일어나는 습관이 있다. 가끔은 트레이딩이 실행되고 개장과 폐장이 되는 것을 확인할 때도 있다. 잠에서 깨면 계좌가 불어나 있을 것이다.

또 다른 방법은 몇 트레이딩 세션 동안 전 세계 주식시장 상황을 보고, 다음 세션에서 시장의 상승, 하락, 횡보를 확인하는 것이다. 그다음에는 시장의 분위기(리스크 온 혹은 리스크 오프인지 확인한다)에 따라서 선물 또는 외환쌍을 매입하고, 매입 가격 근처에서 매도 주문을 설정한다. 동부시간으로 오후 7시에 개장하는 아시아 시장의 지표를 보고 시장의 방향성을 판단할 수 있다.

전 세계 시장이 며칠 동안 상승세였다면, 트레이더들의 위험 심리는 고조되어 있을 것이다. 그러면 통화쌍은 상승할 것이다. 미국과 유럽 시장이 며칠 동안 상승했는데, 일본의 니케이, 홍콩의 항셍, 여타의 지수가 하락했다면 전 세계 트레이더들이 포지션 일부를 매도하여 이익을 실현할 가능성이 크다. 그러면 위험한 통화쌍에 대해 쇼트 포지션을 구축하고, 위험 회피 통화쌍이나 금과 같은 상품에 롱 포지션을 구축하기로 결정할 수 있다.

> **한밤중의 트레이딩**
>
> 밤에 트레이딩을 하는 것은 사람을 긴장시킨다. 많은 데이 트레이더가 한밤에 일어나 제대로 주문이 되었는지를 확인하곤 한다. 어떤 트레이더들은 플랫폼을 '소리'로 설정하여 주문이 될 때 소리가 나도록 만들어 놓기도 한다.

장기 트레이딩

긴 트레이딩은 3일부터 한 달까지 소요된다. 하루 동안의 트레이딩보다 확실히 길지만 트레이딩에 대한 당신의 지식을 마무리할 수 있다. 데이 트레이딩 지식은 장기 트레이딩의 기본을 알지 못하면 완성되지 않는다. 데이 트레이딩도 몇 분 또는 몇 시간 동안 매수 후 보유 전략을 활용한다는 사실을 잊지 않도록 한다. 장기 트레이딩을 할 경우 목표는 포지션을 장시간에 걸쳐 축적하는 것이다. 이렇게 되면 더 많은 증권을 매입하게 된다. 예를 들어 단기 저점에서 매입하는 방식이 있다.

이 기술은 상당한 공이 들며, 포지션을 계속 주시해야 한다. 매도 포인트를 염두에 두고 가격이 내려갈 때마다 포지션을 더 많이, 더 크게 구축하도록 한다. 이런 점에서 피라미드 방식과 유사하다. 이 경우에는 3~5개 가격으로 나누어 증권을 매입하고, 매도할 때는 세 번에 걸쳐 매도하도록 한다.

손절매 주문 설정하기

장기 트레이딩을 설정할 때 특정 가격 이하로 떨어진다고 관망할 필요는 없다. 이때도 다른 트레이딩과 마찬가지로 손절매 주문을 설정하여 큰 손실이 나지 않도록 막을 수 있다.

장기 트레이딩은 계절에 따라 움직이는 증권을 매입하거나 외환 캐리 트레이딩carry trading에 좋다. 장기 트레이딩하기에 좋은 대상은 금 선물, 금 ETF, 에너지 증권이다. 이들은 모두 가을 말부터 겨울까지 가격이 상승한다. 특히 더운 날에 난방유와 천연가스 가격은 하락하는 경향이 있으므로, 이때 매입하도록 한다. 이렇게 축적한 포지션은 목표 값과 목표 매도 시기에 포지션을 정리하도록 한다.

다변화, 레버리지, 리스크

조정되지 않는 포지션 구축

포지션 구축과 리스크 관리 기술은 잘 어울리는 한 쌍이다. 각 트레이딩과 포지션에서 리스크를 제한하고 통제하도록 설정할 수 있다. 포지션을 구축하고 리스크를 제한하기 위해 가장 많이 사용하는 방법 중 하나는 피라미드 방식이다. 트레이딩을 시작한 다음에는 손절매와 수익 실현 포인트를 효율적으로 활용하여 손실 가능성을 정량화하거나 제한하여 목표 지점에서 수익을 확보하도록 한다.

트레이딩과 포지션 구축의 가치 평가

트레이딩을 시작할 때 기억해야 하는 사실은 저렴한 것을 매수해야 한다는 것이다. 현금, 주식, ETF, 선물 중 어느 것을 거래하든 지금 가지고 있는 포지션보다 저렴한 것을 매수해야 한다는 뜻이다. 예를 들어 현금을 가지고 있고 주식을 매입할 생각이라고 해보자. 현금은 주식보다 비싸야 한다. 주식을 팔 생각이라면 현금이 주식보다 싸야 한다. 한마디로 주식을 정리할 때는 현금이 주식보다 더 큰 가치가 있기 때문에 정리해야 한다는 뜻이다. 언제나 더 싼 것을 매수해야 한다.

이 사고방식은 증권을 매수 또는 매도할 때 가치를 측정하기 위한 훌륭한 방법이다. 스스로에게 현금과 주식(ETF 등) 중 어떤 것이 더 비싼지를 물어보자. 통화쌍을 매수할 때는 어느 쪽 통화가 더 가치가 높은지를 자문해야 한다. 이 질문에 답을 구하면, 매도하는 것보다 더 비싼 포지션을 구축하지 않을 수 있게 된다. 더 저렴한 것을 매입하는 시스템은 트레이딩이 가치가 있는지를 판단하고, 언제 주식을 매입하고, 언제 현금화해야 하는지를 판단할 수 있게 해준다.

어떤 것이 더 저렴할까?
어떤 것이 더 저렴한지를 확인하기 위해서는 펀더멘털 분석과 기술 분석을 포함하여 증권 분석을 해야 한다. 오래 트레이딩을 하다 보면 어떤 것이 저렴한지 감이 잡힐 것이다.

포지션 규모 제한하기

　리스크 관리는 계좌를 보호하는 효과적인 도구이다. 심지어 나쁜 트레이딩을 계속했을 때도 계좌를 지킬 수 있다. 포지션의 크기가 제한되고, 하나의 산업 부문에 집중된 포지션을 제한하고, 손절매 주문을 효과적으로 사용하여 최선의 리스크 관리를 구축한 것이다. 리스크 관리의 목적은 돈을 잃을 가능성을 최소화하는 포지션을 구축하고, 수익을 벌어들이는 방식으로 포지션을 종료하는 데 사용할 수 있는 공식을 만드는 것이다. 시장이 당신과 반대 방향으로 움직이고 트레이딩이 마음대로 되지 않을 때도 이러한 조치로 손실을 제한할 수 있다.

　첫 번째 방법은 포지션의 크기를 제한하는 것이다. 주식 중개인, 외환 중개인, 선물 중개인을 활용하고, 마진을 활용하는 여부와 상관없이 언제나 통하는 방법이다. 하나의 포지션에 전체 트레이딩 규모의 20% 이상을 할당해서는 안 된다. 예를 들어 계좌의 가치가 5만 달러이고, 50%의 마진을 활용한다고 한다면, 구매력은 7만 5,000달러이다. 언제나 구매력의 50%만 사용한다면, 하나의 포지션의 규모는 7만 5,000달러×50%=3만 7,500달러×20%=7,500달러이다.

20% 규칙은 한 번에 포지션을 5개 이하로 다변화하지 않도록 막는 좋은 방법이다. 다변화는 계좌를 지키는 데 상당한 도움을 준다. 20%는 최대 크기이며, 15% 혹은 10%로 비율을 감소시키면 포트폴리오를 더욱 다변화할 수 있다.

집중된 포지션의 제한

다변화를 위해서 포지션의 크기를 제한하는 것과 함께 사용할 수 있는 방법은 다양한 산업, 업종, 혹은 상품을 다변화하여 포지션이 집중되지 않도록 제한하는 것이다. 에너지, 금속, 금융, 소매 등 각 분야의 포지션을 하나로 묶어서 달성할 수 있다. 산업 분야의 모든 증권이 시장의 등락에 따라 동반 상승하고 하락할 가능성이 크기 때문에 필요한 조치이다.

금융 업종에서 세 개 포지션을 가지고 있다면, 이들을 하나로 묶어서 리스크 관리를 개선할 수 있다. 그다음 수준의 리스크 관리는 주식, 상품, 외환 등 증권 거래 내에서 시장을 하나로 묶는 것이다.

전체 트레이딩 포트폴리오에서 서로 관련되지 않는 다변화를 정량화하기 위해서 노력하고, 전체 리스크를 확인하도록 노력해야 한다는 사실을 잊지 말도록 한다. 서로 연관되지 않는 포트폴리오의 다변화란 다양한 증권, 산업, 시장에 걸쳐 포지션을 구축하는 것이다. 그래서 어떤 트레이딩에서 상황이 좋지 않더라도 관련성이 없거나, 트레이딩 혹은 시장의 이벤트나 뉴스의 영향을 받지 않는 다른 분야가 계좌를 지지해준다.

레버리지와 리스크
실질적인 수입과 잠재적인 트레이딩

트레이딩에서 얻을 수 있는 수익을 생각할 때 몇 년 동안 주식시장에 투자해 얻을 수 있는 수익과 FDIC(미국연방예금보험공사) 보장 CD에서 창출할 수 있는 수익을 생각하면 도움이 된다. 물론 트레이딩은 투자와 다르고 저축과도 다르다. 하지만 이 세 가지의 연간 수익을 비교하면 트레이딩에 도움이 된다. FDIC 보장 CD는 안전하지만 복리 효과도 누리고 이자가 싸다. CD는 한 달에 한 번 복리로 계산된다. 즉 한 달에 한 번 원금에 이자가 붙는다는 뜻이다.

CD는 경제 상황에 따라 1년에 0.1~5% 미만의 이자를 지급한다. 반면 S&P 500의 역사적 연간 수익률은 10%였다. 두 경우 기간은 1년이었다. 데이 트레이딩을 하면 수익률은 0.1~10% 이상이지만 기간이 하루도 채 안 될 때가 많다. 어떤 때는 몇 시간 만에 수익을 내기도 한다.

하루 동안 증권을 보유하고 1% 수익을 얻는다면 1년 동안의 수익이 얼마나 될까? CD와 S&P 500 지수 투자와 비교하면 어떨까? 다시 한 번 말하지만 수익률이 1%라도 하루 동안의 트레이딩이라는 사실을 기억하기 바란다. CD의 1년 수익과 비교하기 위해서는 매일 1%씩 1년 동안 벌어들이는 수익을 계산해야 한다. 즉 1%의 365를 곱해야 데이 트레이딩의 1년 수익을 계산할 수 있다. 매일 1%씩 벌었다면 1년 수익은 365%가 된다. 만약 증권을 6시간 보유했다면(하루에 4분의 1이다) 연간 수익은 1%×4×365일=1,460%가 된다. 만약 포지션을 한 달 보유했다면 1년 중 12분의 1만큼 보유한 것이므로 수익은 20%이며, 연간 수익은 20%×12=240%가 된다.

이처럼 보유한 시간이 연간 수익률을 결정한다. 이 수치를 CD나 미디어에서 얘기하는 '매수 후 보유' 수익률과 비교해야 한다. 하지만 트레이딩과 투자를 비교할 수 없다. 데이 트레이딩과 레버리지는 사용하는 것은 훨씬 더 큰 리스크를 감수하는 것이다. 다만 연간 수익률을 정량화하기 위해서 비교한 것뿐이다. 그래야만 다른 투자의 수익률과 정당하게 비교할 수 있기 때문이다.

데이 트레이딩은 일단 트레이딩을 종료하면 다음 트레이딩을 준비한다. 트레이딩을 위한 균형이 잡혀 있다는 뜻이고, 더 큰 마진을 사용할 수 있다는 뜻이다. 덕분에 복리 효과가 생겨나는데 월, 분기, 연도가 아니라 하루 또는 며칠 사이에 복리 효과를 기대할 수 있다. 높은 수익률과 잦은 복리로 한 달 또는 1년에 막대한 수익을 얻을 수 있다.

트레이딩 전략

밤 동안 할 수 있는 적절한 트레이딩 전략은 AUD/JPY, EUR/SEK, USD/SEK에 쇼트 포지션을 구축하는 것이다. 이들 통화쌍은 시장을 매우 긴밀하게 추적한다. 그래서 시장이 상승하면 따라서 상승하고, 시장이 하락할 때는 함께 하락한다(시장이 리스크를 회피할 때이다). 이 시나리오에서 훌륭한 헤지 방법은 금 선물에 대해 롱 포지션을 구축하거나 S&P 500 선물에 쇼트 포지션을 구축하는 것이다.

유럽과 미국의 트레이더들이 잠자리에서 일어나 시장을 분석하고 매도세로 전환하여 시장의 리스크를 회피하는 분위기가 형성되기 전에 트레이딩하는 것이 목적이다. 통화 거래를 할 경우 합리적인 움직임의 범위 내에서 손절매와 수익 실현 주문을 설정한다. 밤 동안 외환 거래는 0.5~1.0%만큼 움직일 수 있다.

주식에 비교했을 때 소액인 것 같지만 외환 계좌에서 사용하는 레버리지를 무시해서는 안 된다. 0.5% 수익을 얻더라도 레버리지 50:1을 사용하면 25%의 수익이 된다. 1달러마다 25%의 수익을 얻을 수 있다는 뜻이다. 밤의 트레이딩은 주식지수 선물과 외환을 트레이딩할 수 있는 좋은 방법이다. 유럽과 미국의 시장이 개장하기 전에 아시아 시장의 활동을 통해 지표를 쉽게 읽을 수 있기 때문이다.

잠재적 트레이딩

만약 에너지를 매수한다면 목표 매도 시기는 12월 중이 될 것이다. 이때가 미국 동부의 기온이 떨어지는 시기이기 때문이다. 금을 매입한다면 목표 시기는 연말이나 1월 초가 될 것이다. 금의 가격이 역사적으로 겨울이 시작될 때부터 상승하여 봄까지 상승세가 지속하기 때문이다.

외환 캐리 트레이드의 예는 AUD/JPY, AUD/USD, NZD/USD에 대한 롱 포지션이거나 금리가 낮은 통화를 매도하고 금리가 높은 통화를 매수하는 것의 조합일 수 있다. 이러한 트레이딩은 매일 이자의 차

처음 시작하는 이들을 위한 최소한의 데이 트레이딩 이해하기

이를 축적하고 통화 간 가격의 상승세를 활용할 수 있도록 해준다. 금리 차이(매도하는 통화와 매수하는 통화의 금리 차이)는 빠르게 누적되며 외환 거래에 있어서 하방 압력을 보호해줄 수 있다.

이런 방법이 통하는 이유는 외환 캐리 트레이드가 낮은 수익률(낮은 금리)의 통화를 빌려와 그만큼 높은 수익률(높은 금리)의 통화를 빌리는 데 사용하기 때문이다. 예를 들어 미국 달러를 빌려 이자를 지불한다고 가정해보자. 빌린 달러의 금리는 연간 1%이다. 이 달러로 역사상 수익률이 높은 통화인 호주 달러를 매입했다. 호주 달러의 수익률은 시장 금리에 따라 연간 3.5~7%이다. 캐리 트레이드로 벌어들이는 비율은 두 통화의 금리 차이, 즉 호주 달러 금리에서 미국 달러 금리를 차감한 것이다. 만약 호주 달러로 5.5%의 금리를 얻었고, 미국 달러에 1%의 금리를 지불했다면 연간 이자 수익은 4.5%가 된다.

계속해서 말하지만 외환 계좌의 마진은 10:1부터 500:1까지이다. 만약 100:1로 레버리지를 사용했다면 실질적인 연간 수익률은 투입한 자본의 450%가 된다. 캐리 트레이드의 수익을 벌어들일 수 있을 뿐 아니라 이자가 매일 계산되고 불어나기 때문에 더 큰 수익을 기대할 수 있다. 주말에도 수익은 불어난다. 이 책의 주제가 데이 트레이딩이므로 트레이딩을 하지 않는 날의 수익과 외환 거래로 인한 이자를 설명하지 않는다면 모든 내용을 다뤘다고 할 수 없다. 금리, 즉 이자 수익은 매일, 주말에도 복리로 계산된다.

CHAPTER 9

계좌와
수익 관리

한동안 데이 트레이딩을 한 다음에는 전업 트레이더가 될 것인가, 아니면 계속 파트타임으로 트레이딩을 할 것인가를 고민하게 될 것이다. 파트타임으로 트레이딩을 하게 되더라도 많은 수익을 거둘 수 있고, 다른 직업에 종사할 수 있다. 다른 직업을 가지고 있다면 트레이딩을 돈을 벌어야 한다는 압박이 덜 하고, 더 느리고 편안한 비율로 트레이딩을 할 수 있게 된다. 하지만 전업 트레이딩은 매우 많은 수익을 올릴 수 있고, 마치 개인 기업을 운영할 때처럼 독립성을 보장한다. 투자 시간을 설정하고 경제적으로 독립적이고 상사에서 답할 필요도 없기 때문이다. 그렇다면 전업 트레이더와 파트타임 중 어떤 것을 선택해야 할까? 이번 장에서는 이 질문에 대해 설명해보려고 한다.

전업일까, 파트타임일까?

트레이딩의 의지

일단 트레이딩을 찾고 레버리지를 관리하고 시장에 진입과 매도 포인트를 정하는 기술과 원칙을 배우면 그다음에는 데이 트레이딩을 생활에 어떤 방식으로 끼워 넣을까를 결정해야 한다. 데이 트레이딩은 하루종일, 일주일에 6일을 트레이딩할 수도 있다. 전 세계 시장이 일할 기회를 제공하기 때문이다. 그래서 파트타임으로 트레이딩할 수도 있고, 전업으로 트레이딩할 수도 있다.

파트타임으로 트레이딩하기

좀 더 편안하게 수익을 올리고 싶거나 데이 트레이딩에 대해서 온건

한 접근법을 취하고 싶다면 파트타임 트레이딩을 바라는 것이다. 파트타임으로 상당한 수익을 벌어들이는 데이 트레이더들이 많다. 반면 다른 직업을 가지고 있거나, 아이를 키우거나, 하루 종일 다른 활동을 한다. 파트타임 데이 트레이딩은 전업보다는 속도가 느리고 더 쉽다. 왜일까? 트레이드 계좌에 대해 감정적으로 개입이 적고, 최적의 트레이딩을 찾을 때까지 기다릴 수 있기 때문이다. 가끔은 나쁜 트레이딩에서 빠져나오는 것이 돈을 버는 것이라는 사실을 잊어서는 안 된다. 빠르고 정신적으로 피곤한 트레이딩을 멀리하면서 수익을 유지하고 트레이딩 계좌를 지키고, 과도한 노력과 트레이딩으로 붕괴하지 않도록 막을 수 있다.

트레이딩 계좌를 지키고 수익을 지키는 최선의 방법은 무엇일까? 답은 간단하다. 더 적게 트레이딩하고, 수익성이 높은 트레이딩만 하는 것이다. 한 달에 5~6번만 제대로 트레이딩을 해도 성공적이고 상당한 수익을 거둘 수 있다. 트레이딩 횟수를 시장 조건이 최적일 때로 제한하고 일주일에 5~10%의 수익만 거두어도 매우 성공적이다. 만약 한 달에 단 10번의 트레이딩으로 포트폴리오의 수익성을 높이고, 각 트레이딩이 완벽하게 설정되도록 만들기를 바란다면, 일주일에 5~10시간 정도 시장을 조사하고 거래할 종목을 찾는 데 투자하면 된다.

파트타임 트레이더는 전반적으로 적은 수익을 올리지만 수익률이 낮은 트레이딩을 해서가 아니라 트레이딩을 덜 하기 때문이다. 트레이

딩은 적게 하고, 한 번에 트레이딩에서 감수하는 리스크는 줄이고 수익
은 늘리는 것이 파트타임 데이 트레이딩의 계획이다.

적을수록 좋다

대부분의 성공적인 투자자들도 트레이딩을 망칠 때가 있다. 성공하는 트레
이딩, 수익을 많이 얻는 트레이딩을 하도록 한다. 수익을 높이기 위해서 트레
이딩을 많이 할 필요는 없다. 적을수록 좋다는 말도 있다.

전업 트레이딩

경력을 바꾸고 싶거나, 돈을 많이 버는 직업을 갖고 싶다면 전업 트
레이딩을 고려해보자. 계좌만 충분하고 연금 계좌가 두둑하거나, 유산
이 있거나, 비즈니스 판매가 잘되거나, 저축을 했다면 전업으로 트레이
딩을 해도 좋다. 다만 모든 포지션과 레버리지, 리스크를 관리할 수 있
어야 한다. 큰 자본으로 데이 트레이딩을 하는 것은 어려운 일이다. 매
일 많은 돈을 벌 수 있는 것도 사실이지만, 큰돈을 관리하는 것은 마치
아이를 돌보는 것과 같기 때문이다! 일부 또는 전체를 자동화한다고
해도 각 트레이딩을 생각하고 계산하는 데 많은 시간이 소요된다.

전업 트레이더를 결정했다면, 취미를 수익성이 좋은 사업으로 전환할 가능성을 열게 된다. 좋은 트레이딩을 찾고, 중개업체의 시장 보고서에서 정보를 찾아내기 위해서 시장을 분석하며 전 세계 경제를 이해하고, 이러한 요소들이 거대한 무대에서 어떻게 작용하고, 다른 시장에 어떻게 연결되는지를 이해하기 위해 많은 시간을 보낸다면 더 빨리 배울 수 있을 것이다. 트레이딩은 기술인 동시에 과학이다. 이 책을 통해서 배우고, 제안하는 독서 목록을 공부하고, 중개업체의 보고서를 분석하면 트레이딩을 배울 수 있다!

수익이 나든 손실이 나든 트레이딩을 경험할수록 트레이딩에 익숙해질 것이다. 최고의 트레이더는 잘 교육받은 트레이딩을 한다는 사실을 잊지 않도록 한다. 성공적인 데이 트레이더는 고심하고 계획하고 기술적 지표와 펀더멘털 지표를 최선으로 활용하여 트레이딩을 진행한다. 이런 트레이더들은 트레이딩을 시작하기 전, 트레이딩 중에, 트레이딩을 종료할 때 열심히 생각한다. 이미 트레이딩을 계획하고, 트레이딩을 시작하고, 자신이 생각하는 방향대로 트레이딩이 진행되고, 설정된 포인트에서 트레이딩을 종료하고, 수익을 확보하는 논리와 기술을 사용할 때 트레이딩은 성공적이고, 즐겁고, 수익을 가져다준다. 알고 있는 것을 적용하고 실현하는 것이 트레이딩의 가장 강력한 우위이다.

트레이딩을 설정하고, 생각하고, 미리 계획하고, 진행하기 위해서 시장을 공부하면서 시간을 들여야 이 경지에 다다를 수 있다. 이 방법이 전문 트레이더를 만드는 비결이다. 이 세 가지의 습관은 다른 트레이더와 데이 트레이더를 구분해준다. 논리와 계획은 단순히 몇 번 트레이딩에 성공한 것보다 (계속 성공할 수 없다면!) 훨씬 더 강력하다.

최선을 선택한다

데이 트레이딩은 전업으로 할 수도 있고, 파트타임으로 할 수도 있다. 제대로만 한다면 두 가지 모두 수익을 남길 수 있다. 자신에게 할애된 시간을 생각하고 감당할 수 있는 리스크를 확인하고 자신의 생활과 트레이딩을 접목하는 것이 최선이다. 이렇게 하면 절대 잘못될 일이 없다.

냉철한 수익 관리

판단력을 사용한다

데이 트레이딩을 즐겁고 흥미롭고 수익을 남기는 사업으로 생각할 수 있다면 첫 트레이딩을 할 준비가 된 것이다. 이 세 가지 중 가장 중요한 것은 트레이딩이 즐거워야 한다는 것이다. 계속해서 수익을 남길 수 있는 방법으로 트레이딩을 생각할 수 있다면 시장에서 수익을 남길 때마다 행복감에 젖을 것이다. 수익을 벌어들일 때 느끼는 행복감은 중독성이 있다. 그래서 매번 트레이딩을 할 때마다 리스크와 포지션의 규모가 커질 수 있으므로 조심해야 한다.

모든 트레이더는 나쁜 습관을 가지고 있다

매우 단련된 트레이더도 나쁜 습관을 가지고 있다. 아무리 판단력을 활용한다고 하더라도 시장이 생각대로 움직이지 않을 때가 있다. 이럴 때는 물러나서 지금까지 포지션의 리스크 수준을 평가하도록 한다. 계좌의 리스크를 늘리고 싶은 충동에 사로잡힐 때 특히 조심해야 한다. 이런 생각은 수익을 파괴하고 손실을 불러올 수 있다. 자연스럽게 충분한 수익을 올릴 수 있다. 자연스러운 수익보다 더 많은 수익을 억지로 짜내려고 한다면 마진을 늘리고 투자 포지션에 집중하여 더 많은 위험을 감수해야 한다. 소액으로 시작하고, 리스크를 관리하고, 적은 마진을 사용하고, 트레이딩을 배울 생각으로 수익과 손실 포인트를 찾아내는 방법을 배워야 한다.

트레이딩에서 소위 말하는 '한방'은 없다. 한방의 투자로 천문학적인 수익을 벌어들이는 일은 영화에서나 나오는 일이고 상상 속의 일이다. 데이 트레이딩과 함께 살아가기 위해서 매일 적은 측정된 수익을 올려야 한다. 하루를 마치면서 손실보다 수익이 더 크다면 계좌는 계속해서 불어날 것이다. 그리고 이것은 당신의 두 번째 목표이다.

마지막 목표는 흥미이다. 돈과 시장을 상대하다 보면 자연스럽게 즐기는 방법을 알게 될 것이다. 데이 트레이딩은 가슴 뛰는 일이다.

업종과 상품을 완전히 이해하고, 뉴스에서 상품을 확인하고, 데이 트레이딩으로 돈을 벌면 재미와 만족감을 느끼게 된다. 이것이 데이 트레이딩을 얼마나 잘하는지를 측정하는 방법이다. 만약 일상적인 소규모 트레이딩으로 리스크를 관리하면서 전과 달리 흥미가 느껴지지 않는다면, 또는 더 많은 마진을 빌리고 싶다면, 또는 일반적인 경우보다 더 큰 포지션을 구축하고 싶다면, 또는 새로운 상품을 트레이딩하고 싶다면 휴식을 취하도록 한다. 이러한 감정에 휩싸인다면 성공과 수익을 너무 당연하게 생각하고 있는 것이다.

몇 주 동안 휴식기를 갖도록 한다. 계좌에서 돈을 인출하며 재미있는 물건을 사거나 가족과 함께 휴가를 가는 것도 좋다. 준비되기 전에 리스크를 늘렸다면 돈을 잃었을 것이다. 차라리 그 돈을 사용하는 편이 낫다.

준비되셨나요?

마지막으로 스스로에게 "내가 첫 트레이딩을 시작할 준비가 되었을까?"라고 질문해보자. 어느 정도의 리스크를 감당하기 전에는 이 질문에 대답할 수 없다. 모든 데이 트레이딩 기회가 돈을 벌 수 있는 기회가 아니다. 데이 트레이딩은 분명한 과학이 아니다. 펀더멘털을 공부하고, 시장을 관찰하고, 차트를 읽은 다음에는 트레이딩을 할 준비가 된 것이다. 적은 돈과 마진으로 부담감 없이 첫 트레이딩을 시작하고 더 늦기 전에 시장에 뛰어들어보자.

첫 번째 트레이딩을 위한 체크리스트

- 중개인의 전반적인 시장 보고서를 읽는다.
- 매일의 시장 뉴스를 확인한다.
- 장기 및 중기 차트를 확인한다.
- 추세를 관찰한다.
- 진입과 종료 포인트를 계획한다.
- 트레이딩을 설정한다.

첫 번째 트레이딩에서 긍정적인 경험을 하는 것이 중요하다. 소액으로 시작해서 적더라도 수익을 남긴다면 데이 트레이딩은 즐거운 경험이 될 것이다.

무조건 시작하기보다는 먼저 연습을 해야 한다. 실제 계좌로 트레이딩을 할 때 필요한 대응, 느끼는 흥분, 부담감에 대해 100% 준비되어 있지 않다면 첫 번째 트레이딩에서 많은 돈을 잃을 수도 있다. 가능한 돈을 안전하게 지키고 한동안은 모의 계좌로 트레이딩을 하도록 한다. 데이 트레이딩을 장기적으로 생각하고 있고, 수익을 남기기 위한 최선의 기회로 여기고 있다는 사실을 잊지 말자. 너무 노력하고 충분한 경험 없이 너무 많이 진행한다면 계좌의 잔액이 빠르게 줄어들 수 있다. 처음 트레이딩을 할 때 충분한 인내심을 가지지 못한다면 긴장, 좌절, 최악의 경우 공포 속에서 데이 트레이딩에 접근하게 된다.

천천히 계좌를 불려가는 방법

수익의 공식

수익률을 계산할 때는 일정 날짜, 주, 달 동안의 수익과 손실을 확인하고, 여기에서 주 또는 분기 평균을 구해야 한다. 하루의 수익을 연간 수익으로 전환해서 생각해야 하는 이유는 데이 트레이딩 계좌의 뛰어난 실적을 확인하기 위해서이다.

예를 들어 하루 2%의 수익은 너무 작게 느껴질 수도 있다. 하지만 연간 수익으로 계산하면 데이 트레이딩의 빠른 속도에 의해 수익률은 크게 상승한다. 매일 2%의 수익을 올렸다면 1년으로 계산하면 730%가 된다. 좀 더 자세하게 트레이딩을 보유하고 있는 시간을 생각한다면 (예를 들어 3시간이라고 해보자), 2%를 3시간으로 나눈 0.667%에 24시간을 곱하면 16%가 된다. 여기에 다시 365일을 곱하면 5,840%라는 연간 수익률이 나온다.

물론 일반적인 수익률 계산 방법은 아니다. 하지만 매달로 복리가 계산되는 CD와 비교할 수 있는 방법이다.

은행의 수익률 계산 방법

은행과 다른 기관은 다양한 수익률 계산 방법을 사용한다. 대부분은 연간 수익률을 계산한다. 다른 투자 방식과 비교할 때는 기관이 사용한 동일한 방법을 사용해야 한다. '사과는 사과끼리' 비교해야 한다.

명목 APRAnnual Percentage Rate(이자율)은 수익률을 1년 중 가지고 있는 기간으로 곱한 것이다. CD와 저축은 데이 트레이딩과 리스크가 다르지만, 비교하자면 같은 공식을 사용해야 한다. APR을 비교하면 각 트레이딩의 수익을 판단하기 위한 현실적인 지표를 갖게 된다.

월별 성과

월별 성과는 전체적인 트레이딩 성과를 보여주는 더 진실한 지표이다. 트레이딩이 잘된 날도 있고, 안 되는 날도 있기 때문이다. 이들의 평균을 통해 더 정확한 성과를 측정할 수 있다. 월별 성과를 계산하기 위해서는 한 달의 마지막 날 계좌의 가치를 확인하고, 여기에서 그 달의 시작일의 잔액을 차감한다. 여기에서 비용을 차감하면 순익 또는 순손실을 구할 수 있다. 순익과 순손실을 트레이딩 첫날의 계좌의 잔액으로 나누면 그달의 수익률 또는 손실률을 구할 수 있다. 연간 수익률, 손실률도 똑같은 방식으로 계산한다.

몇 가지 가능한 시나리오가 있다.

- 돈으로 했을 때 수익이 높은 편이고, 생활비에 사용하고, 일종의 월급으로 사용할 수 있다.
- 돈으로 했을 때 수익이 적어서 데이 트레이딩과 관련된 비용을 지불할 수 있을 정도이지만 일종의 월급으로 사용할 수는 없다.

두 번째의 경우라면 수익률을 퍼센트로 확인해보자. 금액이 적더라도 수익률이 높다면 잘하고 있는 것이고 데이 트레이딩을 잘 배운 것이다. 계좌의 잔액이 적거나, 마진이 적어 충분한 돈을 생산하지 못했을 뿐이다. 인내심을 가져야 한다. 당신은 잘하고 있다. 머지않아 월급만큼 돈을 벌 수 있는 날이 올 것이다.

성과에 대한 현실적인 시각

데이 트레이딩의 성과를 현실적으로 측정하기 위해서는 월별 수익률과 실제 벌어들인 돈을 모두 살펴봐야 한다. 이러한 양적인 척도 외에도 데이 트레이딩의 성공으로 인한 심리적인 효과를 얻을 수 있다. 시장에 대한 감을 익히기 위해서는 두 가지가 모두 필요하다.

먼저 데이 트레이딩으로 지속적인 수익을 만드는 것이 힘들다는 사실부터 인지해야 한다. 데이 트레이딩으로 지속적으로 돈을 벌려면 반년 또는 그 이상이 걸릴 수도 있다. 이런 초기 단계에서는 기술을 긍정적으로 강화하는 것이 중요하다. "컵에 물이 반이나 남았구나"라는 시각으로 바라보아야 한다. 한 번의 트레이딩, 한 달, 분기 등 주어진 시간 동안 수익률이나 금액의 정확한 목표를 세우기 어려울 수도 있다. 어떤 기회가 주어지느냐에 따라 달라지며 예측하기 불가능하다.

나는 잘하고 있을까?

자신의 실적에 대해 대답할 수 있는 사람은 자신뿐이다. 자신의 수익을 다른 투자와 비교해보자. 데이 트레이딩은 매수 후 보유 전략이 아니기 때문이다. 다우존스 크레디트 스위스 헤지펀드 인덱스www.hedgeindex.com에서 비교가 가능한 멀티 전략의 멀티 플랫폼 수치를 찾을 수 있다.

트레이딩을 배우면서 트레이딩 경험을 긍정적으로 바라볼 수 있는 방법을 찾아보자. 사람마다 방법은 다르다. 한 번의 트레이딩에서 100달러를 벌어 기쁠 수도 있고, 한 주 동안 10%의 수익률을 기록해서 기쁠 수도 있다. 혹은 연속해서 트레이딩에 10번 성공했을 때 기쁠 수도 있다. 어떤 것이 더 기쁜지는 사람마다 다르다. 이러한 좋은 감정에서 동기를 부여받고 새로운 데이 트레이딩 경력을 쌓을 수 있는 추진력으로 활용해야 한다. 예를 들어 아무리 적더라도 긍정적인 경험을 가질 수 있도록 해야 한다. 장기적으로 시장에 대한 동기를 얻고 시장을 배우고, 새롭고 잘 고안된 트레이딩을 배우기 위한 좋은 습관이며, 상당한 도움을 받을 수 있을 것이다.

수익과 손실 기록

회계와 세금

데이 트레이딩을 계획하고 있다면, 계좌의 수익과 손실을 기록하는 방법을 알아야 하며, 데이 트레이딩의 수익을 벌어들이는 것과 관련된 비용을 추적해야 한다. 이 두 가지를 가지고 순수익을 계산할 수 있다. 부기 소프트웨어를 사용하면 회계사가 납세 계획을 정리하는 데 도움이 된다.

기본적인 내용의 기록

데이 트레이딩에서 돈이 유입되고 유출되는 기록은 공을 들여 작성해야 한다. 기록은 수첩이나 엑셀 같은 스프레드 시트를 이용하여 명세서처럼 작성한다. 금융 문서를 공식적으로 작업하고 조합하기 위해서 회계사의 손을 빌릴 생각이라면 현금의 기본적인 유입과 유출을 기록하도록 한다.

기본적인 내용의 기록이란 손익계산서를 작성하는 것이다. 컴퓨터 장비, 사무실 가구, 회계와 사무실 관련 소프트웨어 구매 비용과 같은 비용을 기록한다. 여기에 고정자산을 구매한 비용도 추가되어야 한다. 데이 트레이딩 계좌의 이런저런 추가와 차감을 기록해야 한다.

각 현금의 지출과 수익에 대한 목록을 만들고, 수익은 더하고 지출과 비용은 차감한다. 행의 가장 상단에는 장비 구입 등에 사용된 현금을 기입한다. 각 항목을 구분된 행으로 적고, 간략한 내용과 총액을 적는다. 그다음에는 현금 지출에 대한 영수증을 봉투에 넣어 붙여 놓는다. 매주 새로운 봉투를 만들고 라벨을 붙인 다음 한 주 동안 받은 비용과 현금 지출의 영수증을 넣는다.

이 수첩은 데이 트레이딩의 장부로 사용되어야 한다. 따라서 서점에서 트레이딩과 관련된 잡지를 구매했거나, 커피를 사서 마시는 것과 같은 사소한 비용도 날짜와 장소, 비용의 성격(예를 들어 식사), 항목의 비용을 차감해야 한다.

데이 트레이딩을 시작할 때 사용한 돈도 차감하고 '사용한 돈'으로 기록한다. 얼마가 되었든 처음 데이 트레이딩에 투입한 돈을 '사용한 돈'으로 인식해야 한다. 처음 사업을 시작하고, 사업용 계좌에 초기 자본을 사용할 때처럼, 데이 트레이더도 초기 자본을 사용한다고 생각해야 한다. 데이 트레이더는 증권을 사고파는 데 입금된 돈을 사용한다. 정확하게 비용이라고는 할 수 없지만, 돈을 사용한 것이기 때문에 지출로 기록한다. 돈이 나가는 것과 들어오는 것을 모두 기록해야 한다.

수익과 손실의 기록

돈의 입금과 출금을 모두 기록해야 하고, 또한 데이 트레이딩의 수익과 손실도 모두 기록해야 한다. 하루에 트레이딩 포지션을 다수 구축할 때는 매일 수익과 손실을 기록하는 것이 좋다. 매번 트레이딩을 시작하기 전에 계좌의 잔액을 적도록 한다. 그다음 트레이딩 후의 잔액을 비교한다. 그 차이가 각 트레이딩에서 벌어들인 돈이다. 미국의 세금 체계는 이들 수익을 별도로 인식하기 때문에, 마찬가지로 수익을 별도로 작성해 놓는다. 계좌에서 벌어들인 돈을 인출하면, 당일에 처음 트레이딩을 시작했을 때의 돈이 되어야 한다.

추적하기

데이 트레이딩 계좌에 추가된 돈과 차감된 돈을 확실히 기록해야 한다. 기록에서 확인할 수 없다면 세금을 위해서 수첩을 확인할 때 순익과 추가된 금액, 차감된 금액을 알 수 없게 된다.

하루 동안 트레이딩을 하면서 각 트레이딩에서 수익과 손실을 추적해야 한다. 소액 트레이딩을 할 때는 트레이딩을 복기하면서 기록하면 되기 때문에 어렵지 않다. 하지만 트레이딩을 할 때마다 다수의 포지션을 구축하고, 캐리 트레이드를 하고 있거나, 장기적으로 포지션을 유지할 때는 단순하게 기록하기가 어렵다.

IRS(미국 국세청)가 수용하고, 회계사들이 트레이더 고객을 위해서 종종 사용하는 방법을 대안으로 사용할 수 있다. 이 방법은 당일의 트레이딩을 시작할 때 계좌의 잔고를 기록한다. 당일의 모든 트레이딩이 완료되었고, 어떤 포지션은 유지되고 어떤 포지션은 종료되었다면 당일의 잔액을 적는다.

시작했을 때의 잔액에서 끝날 때의 잔액을 차감하면, 그 돈이 순수익 또는 순손실이 된다. 이 금액을 다른 수첩에 적고, 제목은 '데이 트레이딩 한 번에 벌어들인 수익과 손실'이라고 적는다. 매번 다른 행에 당일의 날짜와 순익과 손실을 기록하고 '데이 트레이딩, 다양한 포지션'이라고 메모한다.

비용, 고정자산에 사용된 돈, 데이 트레이딩 계좌에 입금되고 출금된 돈, 하루 동안 벌어들인 수익과 손실을 적으면 데이 트레이딩 장부가 완성된다. 수익과 손실, 현금 기록도 작성하면, 전반적인 수익과 손실을 추적하고, 공식적인 문서를 작성할 때 많은 도움이 될 것이다.

수익, 비용, 세금

순수익 계산

트레이딩의 수익과 손실을 기록하더라도, 진짜 순손익은 세금을 차감한 후의 금액이다. 여기에서 비용을 차감해야 한다. 여기에서는 데이 트레이딩의 순손익을 계산하는 방법을 알아보겠다.

일반적인 비용

일반적으로 비용은 사람마다 다르지만 집, 트레이딩에 소요된 마일리지 비용, 트레이딩을 위해 사용한 유틸리티 비용을 포함해야 한다. 또 다른 비용으로는 구독료, 트레이딩과 관련된 음식, 여행비(마일리지와 별도의 여행비용) 등이 있다. 데이 트레이딩을 설정하고 유지하고 실행하는 것과 관련된 거의 모든 비용을 수익에서 제외해야 한다. 수익은 한 해 동안 수익과 손실을 기록하여 확인할 수 있다.

　그다음에는 데이 트레이딩의 수익을 창출하기 위해서 사용된 모든 비용을 제한다. 집에서 트레이딩을 위해 소모된 비용이 여기에 속한다. 데이 트레이딩에 할당된 집의 면적을 측정하여 계산하도록 한다. 예를 들어 방을 사무실로 사용했다면 해당 면적을 측정해서 제외한다. 전체 집에 대비해 해당하는 구간의 면적을 계산하도록 한다. 이렇게 계산된 비율을 월세에서 차감하여 데이 트레이딩의 비용으로 산정한다.

데이 트레이딩 비즈니스 비용을 차감하는 지침

데이 트레이딩과 관련된 상당한 비용이 존재할 수 있다. 여기에 대한 지침을 찾아서 도움을 구하도록 한다. IRS 웹사이트 www.irs.gov/businesses도 도움이 될 수 있다.

　전기, 난방, 수도와 같은 유틸리티 비용도 앞서 말했던 비율로 제한다. 집을 수리했거나, 아파트 관리비를 지불했다면 여기서도 같은 비율로 제한다. 중요한 것은 집에서 사무실로 사용한 면적을 확인해서 구해야 한다는 것이다. 집을 두 가지 용도로 사용할 수는 없다. 다시 말해 데이 트레이딩에 사용했다면 개인적인 용도로 사용한 공간이 아니다.

전화선과 기술

또 다른 중요한 요소는 데이 트레이딩을 위해서 전화선을 사용했냐는 것이다. 개인적인 용도의 전화와 데이 트레이딩을 위해 사용하는 전화를 구분해야 한다. 예를 들어 집의 유선 전화는 개인적인 용도로 사용하고 휴대전화는 데이 트레이딩 용도로 사용한다. IRS는 실제 사업을 위한 노력을 긍정적으로 판단하기 때문에 별도의 우편함을 사용하는 것도 좋다.

비즈니스 장비와 소프트웨어의 비용도 차감해야 한다. 세금 관련 자문을 구하는 것이 최선이며, 일정 기간 동안의 장비의 사용은 비즈니스 비용으로 차감할 수 있다. 이 비용은 감가상각비라고 하는데, 상업적으로 이용할 수 있는 세무 지침을 활용하여 사용한 시간과 차감 방법을 판단하도록 한다.

수입과 손실, 관련 비용을 결합하면 진짜 순이익을 구할 수 있다. 이 순이익이 세금을 부과하는 기준이 된다.

세금 정산에 유리한 기록 방법

데이 트레이딩으로 벌어들인 수익을 고려하여 세금을 계획하려면 같은 가치 기준이나 거의 같은 가치 기준으로 같은 기간의 수익과 손실을 현실화하여 순수익이나 순손실을 구한다. 데이 트레이딩으로 손실이 난 트레이딩을 확인할수록 내야 할 세금이 적어진다.

투자자의 경우 이 과정은 1년 단위로 진행된다. 하지만 데이 트레이딩은 더 짧은 시간을 기준으로 해야 하며, 매일을 기준으로 수익을 차감한다면 가장 이상적이다. 한 주와 한 달을 기준으로 했을 때도 마찬가지다. 이러한 현실화는 손실을 기록하고 있는 포지션을 종료하면서 이루어진다.

일반적으로 장기적인 트레이딩 포지션을 구축하고 있다면 진입 포인트를 낮추기 위해서 계속해서 증권을 매수하고 있을 것이다. 증권을 계속 보유하면서, 단기 저점에 매입하는 전략은 흔히 사용된다. 이 경우에는 잠깐 손실을 기록하더라도 걱정할 필요가 없다. 오히려 더 저가에 매입할 기회이기 때문이다.

세금 계획을 위한 방식을 사용할 때는 현재 손실을 기록하고 있는 장기 트레이딩은 제외한다. 곧 반등하지 않을 것 같다고 판단될 때만 손실 상태에서 포지션을 정리하도록 한다. 더 꼼꼼하게 이 방법을 사용하고 싶다면 적어도 분기마다 진행하도록 한다.

클리어링 하우스

클리어링 하우스(어음 교환소, 상품 거래 업무 중에서 위탁 증거금의 예탁, 모든 차액 계정의 수불 등 청산업무를 행하는 회사)의 목적은 두 가지이다. 첫째는 특정 기간(예를 들어 분기) 장부에서 손실이 나고 있는 포지션을 제외하는 것이다. 두 번째는 적어도 분기에 한 번 순익과 손실을 현실화하는 것이다. 전업 트레이더라면 특히 중요한 부분이다. IRS에 내야 할 세금을 분기별로 계산해야 하기 때문이다. 수익과 손실을 현실화하면 각 분기에 보고해야 하는 순이익을 낮출 수 있다.

물론 언제나 순이익을 극대화해야 한다. 다만 손실이 나는 트레이딩을 제외해야 한다. 장부상 손실인데 반등까지 기다리거나, 또 다른 희망으로 계속 유지하고 있는 트레이딩이 있을 것이다. 이런 포지션은 정리하고, 묶인 돈을 풀어주어야 그나마 세금 면에서 유리하다.

당신의 트레이딩 손익계산서는 비용과 순이익으로 구성된다. 세금 계획의 목적은 빨리 비용을 산정하는 것이다. 예를 들어 새로운 컴퓨터나 소프트웨어를 구매할 계획이거나, 다른 장비를 구입할 계획이라면, 나중보다는 지금 비용으로 산정하는 것이 세금 면에서 유리하다. 전체 순익을 낮추어 주고, 이로 인해 세금이 줄기 때문이다. 한마디로 세금 계획이란 수익과 손실을 현실화하여 순이익을 줄이는 것이다.

트레이딩 지식을 늘리는 방법

읽고, 공부하고, 개발하라

하루의 트레이딩을 준비하기 위한 시스템이 필요하다. 시스템은 그날 처음 자본을 투입하기 전에 확인해야 하는 체크리스트라고 할 수 있다. 여기에서는 지식을 얻고, 배우고, 트레이딩을 신선하게 유지하고, 수익을 만드는 방법을 설명하게 될 것이다.

선 공부, 후 트레이딩

이 개념은 시장의 환경에서 특정 수준의 전문성이 요구될 때면 언제든지 적용할 수 있다. 희귀동전을 수집하는 수집가나 보석상, 빈티지 모터사이클 딜러들도 모두 제품을 알고, 시장을 충분히 공부하면 구입과 판매 기회를 찾고 거래할 수 있게 된다.

데이 트레이더도 마찬가지다. 경쟁이 치열한 분야인만큼 일정 시간에 어디에서든 선물, ETF, 통화쌍, 주식의 가격을 확인하고, 매수 또는 매도 기회인지를 파악해야 한다. 시장을 알지 못한다면 돈을 벌 수 있는 잠재적 트레이딩을 놓칠 수도 있다. 시장을 공부하고 전문가가 되어야 한다. 시험을 앞두고 완전히 과목을 숙지해야 하는 것과 비슷하다고 생각하면 된다. 그러자면 먼저 상당한 시간을 들여서 공부해야 한다. 곧 공격적이고 방어적으로 시장의 지식을 활용하고, 자본을 지키고, 수익성 높은 트레이딩을 통해서 자본을 불릴 수 있게 될 것이다.

완전한 정복을 위하여

먼저 시장과 데이 트레이딩에 대해서 공부한 다음에는 경제 전반과 특정 업종을 공부해야 한다. 시장이 작동되는 방법을 충분히 이해했다고 생각된다면, 트레이딩을 할 준비가 된 것이다. 처음에는 소액으로 시작하라. 매번의 거래가 포지션 설정 지점을 참고, 매입하고, 종료하는 법을 배우기 위한 학습 경험이라고 생각하라. 데이 트레이딩이 경력이며 직업이라고 생각해야 한다.

시장의 뉴스를 좇기

시장에서 며칠 혹은 몇 주 떨어져 있게 되었다면, 스마트폰으로 www.marketwatch.com을 읽으면서 시장의 뉴스를 업데이트하도록 한다. 시장에 귀를 기울이고 있지 않는다면, 정보는 지나쳐가고, 시장은 바쁘게 변화할 것이다.

이렇게 생각하면 학습에도 투자가 필요하다. 이런 훈련은 시간과 돈이 필요하고, 공부를 설정하고, 가능한 자주 또 정기적으로 시장을 확인하고, 자본을 투입하고, 트레이딩에 노출되어야 한다는 뜻이다. 트레이더를 직업으로 얻기 위해서 최고의 대학에서 MBA를 전공한다면 몇 년 동안 공부를 전업으로 삼아야 하고, 5만~10만 달러의 학비를 내야 한다. 많은 사람이 나중에 트레이더로 상당한 돈을 벌 수 있다는 생각에 시간과 자본을 투입하는 것을 고려한다.

다른 사람들이 경력을 위해 투자하는 시간과 돈을 생각해보자. 완전한 데이 트레이딩을 할 수 있게 되고, 계속해서 수익을 벌기 위해서는 얼마나 많은 트레이딩을 경험해야 할지를 예측하는 것이 합리적이다.

처음 시작하는 이들을 위한 최소한의 데이 트레이딩 이해하기

포지션을 찾아서

데이 트레이딩의 수익을 위해서는 두 가지가 필요하다. 바로 좋은 포지션과 여유 자금이다. 고심해서 선택하지 않아 위험성이 있는 포지션 그룹에 돈과 마진을 투입하면 돈과 마진이 묶이고, 돈을 잃을 위험도 있다. 당신의 목적은 먼저 돈을 지키는 것이다. 트레이딩에 성공해 돈을 남기는 것은 그다음이다. 흥미나 실험을 위해서 트레이딩을 해서는 안 된다. 제대로 트레이딩을 한다면 현금과 마진이 언제든지 준비되어 있을 것이고, 언제든지 포지션을 설정할 수 있을 것이다. 트레이딩을 시작하기 전에 하루 중 가장 최선의 포지션을 찾도록 하자.

데이 트레이딩의 학습 곡선

경제와 시장을 공부하고, 데이 트레이딩하는 법을 배우는 데는 시간이 걸린다. 처음 소액으로 트레이딩을 처음 시작하는 수준에 이르기까지 몇 주 혹은 몇 달이 걸릴 수도 있다. 하지만 시장에 대한 진정한 지식은 실제 돈으로 활발하게 몇 달 동안 트레이딩을 하기 전까지는 쌓을 수 없다. 어쩌면 6개월이 지나도 데이 트레이딩의 세부 내용과 피라미드, 돈의 관리, 리스크 관리를 배우고 있을지도 모른다.

처음 수익을 내는 방법을 배울 때는 소액이 좋다. 그다음 계좌를 추가하여 더 큰 금액으로 투자하면 된다. 시장을 읽고, 포지션을 찾고, 기술적인 진입 포인트와 종료 포인트를 배우는 데 시간이 걸리기 때문이다. 시장의 조건과 포지션은 천천히 만들어지므로, 시간을 들여 기본적인 내용을 공부하도록 하자.

시간을 투자한다

복잡한 트레이딩을 훈련하기 위해서는 현실적으로 시간 계획을 짜면 좋다. 예를 들어 ETF를 2:3 또는 3:1의 레버리지를 이용해 투자하기 전에 3개월 동안 주식과 ETF를 거래한다. 레버리지 ETF가 시장에 어떻게 반응하는지를 이해하게 된 다음 베어 ETF 등의 트레이딩을 시

처음 시작하는 이들을 위한 최소한의 데이 트레이딩 이해하기

작하면 된다. 주식과 ETF를 사용하는 방법을 배우고, 주문을 기입하고, 레버리지를 사용하고, 시장에 쇼트를 잡는 방법을 배우면, 그다음에 레버리지 비율이 10:1에서 500:1나 되고, 통화쌍에 대해 쇼트 포지션을 쉽게 잡을 수 있는 외환 트레이딩을 시작하면 된다. 시장의 보고서를 읽고, 펀더멘털과 기술 분석을 한 다음에는 e-미니 S&P 500이나 e-미니 상품 선물 같은 선물시장에 진입하기를 바랄 수도 있다.

어느 쪽이든 목표는 관리할 수 있는 수준의 레버리지와 완전한 감정을 느끼기에 충분한 자본을 가지고 시장에서 수익을 얻고 늘려가면서 충분한 시간을 보내는 것이다. 더 높은 레버리지, 금액이 더 많은 계좌, 더 위험한 분야, 더 빠른 분야를 경험하기 전에 해야 한다. 이 점을 염두에 두고, 내일 계좌와 감정을 지키면서 트레이딩하기 위해서 신중해야 한다.

감사의 말

이 책을 집필하면서 많은 사람의 도움을 받았다. 먼저 사이먼 앤 슈스터의 에디터인 에일린 뮬란Eileen Mullan과 피터 아처Peter Archer에게 감사드린다. 두 사람은 내 원고가 책으로 인쇄될 수 있도록 수많은 작업을 감당해주었다. 나의 원고 계획을 반기고 집필할 수 있도록 충분한 시간을 할애해준 편집부에게도 감사를 드린다. 나와 함께 일하고 있는 지금의 상사와 과거의 상사 모두에게 감사를 드리고 싶다. 덕분에 기업에서 일할 수 있었고, 배울 수 있었으며, 금융계와 시장에서 경력을 쌓을 수 있었다. 마지막으로 내가 매번의 납기 때까지 글을 쓸 수 있도록 격려해준 나의 가장 소중한 벗 일로나에게 감사를 표한다.

DAY TRADING

옮긴이 박준형

서울외국어대학교 통번역대학원에서 한영 통번역 석사 학위를 취득했다. 환경부, 재정경제부 등 정부 기관과 여러 방송국에서 통번역 업무를 담당했고, 이데일리 경제부 기자로 일했다. 현재 출판번역 에이전시 베네트랜스에서 전속 번역가로 활동 중이다. 옮긴 책으로는 『왜 추세추종 전략인가』, 『헤지펀드 시장의 마법사들』 『오늘의 제자들처럼 투자하라』 『채권투자란 무엇인가』 『채권왕 빌 그로스, 투자의 비밀』 등이 있다.

처음 시작하는 이들을 위한
최소한의 데이 트레이딩 이해하기

초판 1쇄 발행 2023년 12월 13일

지은이 데이비드 보먼
옮긴이 박준형
펴낸이 김선준

책임편집 송병규
편집팀 이희산
마케팅팀 이진규, 권두리, 신동빈
홍보팀 한보라, 이은정, 유채원, 권희, 유준상, 박지훈
디자인 김세민
일러스트 디자인쓰봉
본문 외주 디자인 김미령
경영관리 송현주, 권송이

펴낸곳 페이지2북스 **출판등록** 2019년 4월 25일 제 2019-000129호
주소 서울시 영등포구 여의대로 108 파크원타워1. 28층
전화 070) 4203-7755 **팩스** 070) 4170-4865
이메일 page2books@naver.com
종이 ㈜월드페이퍼 **인쇄·제본** 한영문화사

ISBN 979-11-6985-057-5 04320
        979-11-6985-054-4 04320 (세트)